山中伸弥

人間の未来 ＡＩの未来

羽生善治

講談社

人間の未来　ＡＩの未来

まえがきにかえて

羽生善治から山中伸弥さんへ

山中伸弥先生が所長をされている京都大学ｉＰＳ細胞研究所（ＣｉＲＡ、サイラ）を初めて訪れたのは、二〇一六年の秋でした。

生命科学の最先端を走っておられる先生に直接お話をうかがえる、めったにない機会です。ワクワクしながら少し緊張もしていました。

実際にお話をするまで、先生がこんなに気さくな方だとは思ってもいませんでした。

そのたたずまいから、どちらかと言えば緻密でシャープなイメージを抱いていたのですが、開口一番、関西ノリのジョークと気取りのなさで一気に場がなごみました。

そして話題は、生命科学の最前線から人工知能の限界と可能性、私たち棋士《きし》の思考法、ひらめきや直感の本質、才能の育て方にまでどんどん広がっていきました。

先生の研究室に案内していただくと、いちばん目立つところに「人間萬事塞翁馬」と大書された額が掲げられています。「この世の中は何が幸いするかわからない」。座右の銘だそうです。

何度かお会いして言葉を交わすうちに、山中先生はｉＰＳ細胞を見つけるべくして見つけられたんだな、ということを肌で感じるようになりました。

穏やかなたたずまいながら、滲み出てくる情熱と気迫、しなやかな発想、そしてどこかあっけらかんとした軽み。

その独特の存在感を読者の皆さんにも感じ取っていただけるのではないかと思います。

先生との対話は未知の世界に出会う体験の連続で、とても満ち足りた時間でした。貴重な時間を割いて私の素人じみた質問にも懇切丁寧に答えていただいた山中先生に、心より感謝申し上げます。

そして読者のみなさんにとって、この対談が世界に起こりつつある変化を知るきっかけとなり、日々をのびやかに生きる糧となれば幸いです。

iPS細胞の最前線で何が起こっていますか？

なぜ棋士は人工知能に
負けたのでしょうか？

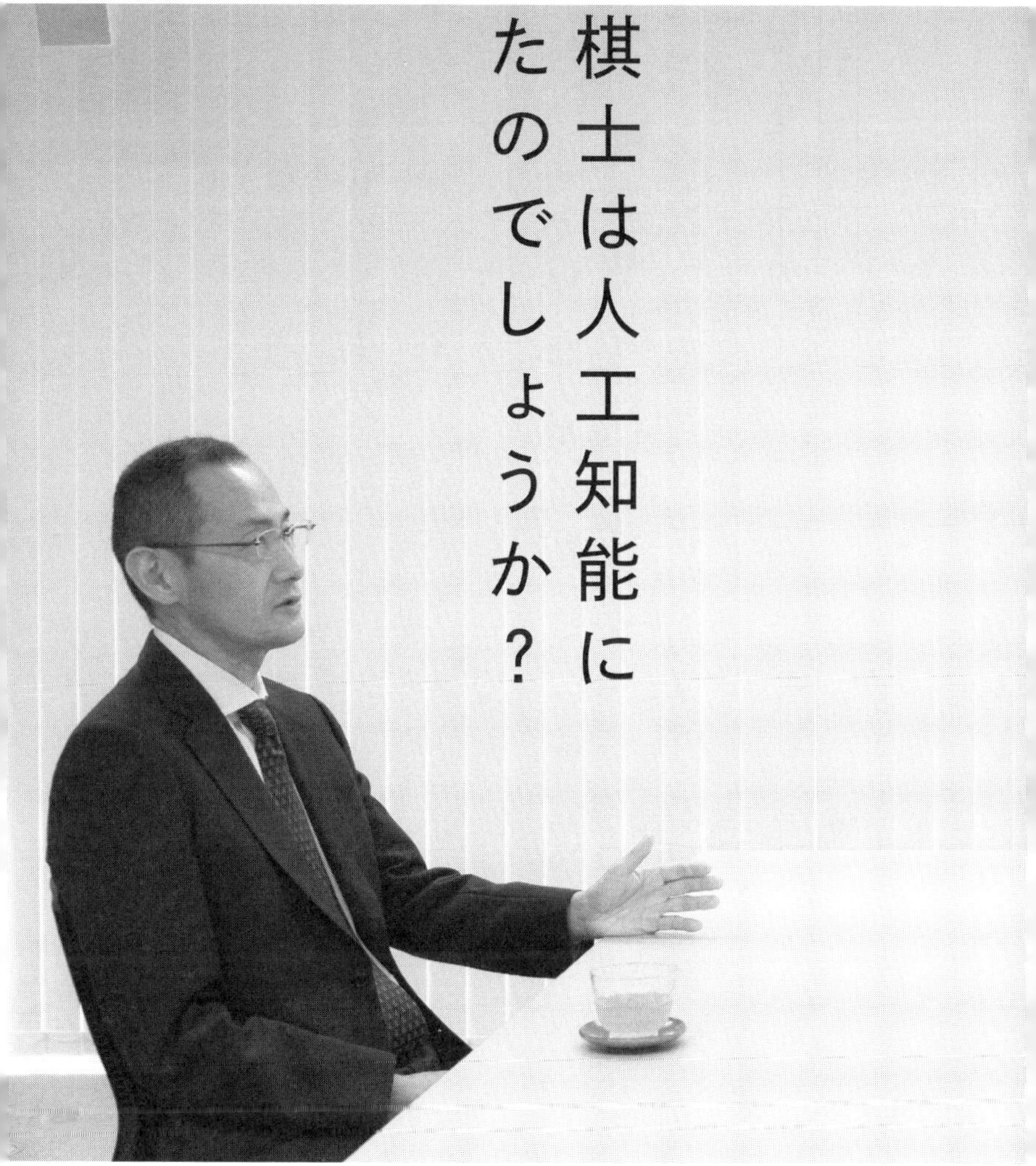

目次

第4章 先端医療がすべての病気に勝つ日は来ますか？

ヒトゲノム・プロジェクト／ガラクタに大事なメッセージが潜む／遺伝子をシュレッダーにかける？／「デザイナー・ベイビー」は許されるか／iPS細胞の「イージーオーダー」／細胞バンクは公的機関が担うべき／まだ一割しかわかっていない

第5章 人間にできるけどAIにできないことは何ですか？

藤井聡太四段は何が違うのか／クリエイティビティは衰える／直感、読み、大局観／戦い方は年齢によって変わる／「いかに得るか」よりも「いかに捨てるか」／百年前の棋士と現代の棋士が戦ったら／問題を解くだけでは限界がある／大発見を導いた「勘」／「空白の時間」がひらめきを生む／AIにバッハの曲は作れても春樹の小説は書けない／見えないからこそ挑戦できる／理由はわからないけど、こっちがいい！

京都大学iPS細胞研究所にて

第１章

iPS細胞の最前線で何が起こっていますか？

羽生さんから山中さんに質問

山中　羽生さんはチェスもすごくお強いですが、囲碁はされるんですか。

羽生　囲碁は初段くらいです。子供のころにやっていたんですが、周りに碁を打つ相手がいなくて続けることができず、あまり上達しませんでした。

山中　そうですか。僕はちょっと前からオンラインで囲碁を始めたんです。面白いですよ。相手が何級かを表示しないんです。だから相手が何級かはわからないんです。僕は八級なので、相手が八級ならまぁ勝てる、六級くらいの人だったら時々勝つ。でも三級、四級の人には間違いなく負けるんです。

羽生　オンラインの囲碁は普通の級よりも認定が厳しいと言われていますね。

山中　そうなんですか。もうコテンパンに負けるんです。負けると悔しくなってきて（笑）。

羽生　ははははは。

山中　実は、僕は囲碁の井山裕太《いやまゆうた》さんと対談をしたときに、対局させてもらったことがあるんですよ。

羽生　えー、そうなんですか。七子《ななし》［ハンデとして碁盤にあらかじめ七つ碁石を置くこと］くらいですか。

山中　はい、七子です。

羽生　私も一度、趙治勲《ちょうちくん》先生と対談をしたときに、先生から「私は対談した相手とは必ず碁を打つんだ」と言われて（笑）。始めようと何子か置こうとしたら、「（ハンデなしの）互先《たがいせん》でやろう」と言われて、恐れ多くも互先で八十手くらい打っていただきました。いや、もうただただ恐縮したということがありました。

山中　この対談は対局なしですよね（笑）。

羽生　いや、もしご希望であれば（笑）。

まだまだ「入り口」の段階

羽生　山中先生が発見されたｉＰＳ細胞は、日本語では「人工多能性幹細胞」と訳されていますね。

山中　難しそうな名前ですが、要はどんな細胞にでもなれる能力を持った細胞です。そういう細胞は体内には基本的にはないけれども、それを人工的に作り出したので、「人工多能性幹細胞」と言います。

「体内にはない」と言いましたが、人間の一生で一回だけそういう状態があります。精子と卵子がくっついて生命が始まる受精卵のときです。受精卵から脳や骨や筋肉や心臓など二百種類以上ある体の細胞のすべてができるので、受精卵は「多能性幹細胞」です。なんにでもなれるという意味で、簡単に「万能細胞」と呼ばれることもありますね。

受精卵からできた大人の体には、もうそういう細胞は基本的にはないけれども、僕たちは大人の皮膚の細胞や血液の細胞を採ってきて、少し操作を加えることで受精卵

に近い状態に戻しました。どんな細胞にもなれる幹細胞、英語で「ステムセル」（stem cell）と言いますが、それがｉＰＳ細胞です。

羽生 「初期化」と言われる操作ですね。

山中 はい。「コンピュータを初期化する」と言いますけれども、同じようにリセットして、最初の状態に戻します。皮膚の細胞も血液の細胞も、もともとは受精卵だったので、それを逆戻しして、受精卵の状態に戻すわけです。

僕たちのＣｉＲＡ（サイラ、京都大学ｉＰＳ細胞研究所）の目的は、ｉＰＳ細胞の医療応用です。それには大きく二つの分野があって、一つはｉＰＳ細胞から体のさまざまな細胞に分化させ、患者さんに移植する「再生医療」です。もう一つは、患者さんの細胞から作ったｉＰＳ細胞由来の細胞に病態を再現することによって、病気のメカニズムを解明して薬を開発する「創薬」です。

羽生 マウスのｉＰＳ細胞の製作に世界で初めて成功したと発表されたのが二〇〇六年で、翌年にはヒトｉＰＳ細胞の製作成功を発表していらっしゃいます。ヒトのｉＰＳ細胞ができて二〇一七年でちょうど十年になりますが、現状はどこまで研究が進んでいるんでしょうか。

山中　成功した当時は、まだ完全に動物の基礎研究の段階でした。それから十年、世界で活発に研究が進んでいます。ｉＰＳ細胞ができる仕組みの解明や、患者さん由来のｉＰＳ細胞を使った病気のメカニズムの解明が目立ちますけれど、再生医療や薬の開発といった臨床応用の研究も進んでいます。人間への応用の入り口に差し掛かっているかな、というところまでは来ています。

羽生　もう実際に臨床のケースも出てきているということですか。

山中　そうですね。実際の患者さんで、効果と安全性を確かめる臨床試験の段階にようやく到達しつつあります。

　二〇一四年の秋には、理化学研究所の高橋政代《まさよ》先生を中心とするチームが、ｉＰＳ細胞から作った網膜《もうまく》の細胞を加齢黄斑変性《かれいおうはんへんせい》の患者さんに移植する手術を世界で初めて行いました。加齢黄斑変性は加齢に伴って視力が低下したり失明したりする病気で、いま急増しています。五十歳以上の方の約一パーセントはこの病気だと言われています。ヒトへの移植手術一例目の患者さんは、術後からこれまで非常に順調に推移していると聞いています。

　ただ、これはまだ臨床応用の入り口で、ここからが大変です。僕はマラソンをやっ

ているんですが、四十二キロのうち十キロくらい走ったら、けっこう走った気持ちになるんです（笑）。でも本当にしんどいのは、残りの三十キロのほうです。それと同じ感じですね。

ブタの体内でヒトの膵臓を作る

羽生　すごく素朴な疑問になるんですけれども、現段階でｉＰＳ細胞から、例えば網膜の細胞ができているわけですね。細胞をどんどん成長させていくと、最終的には臓器などになるということですか。

山中　そうですね。

羽生　そういう段階まで、具体的にでき上がりそうなものなんでしょうか。

山中　当面は細胞そのもの、あるいは細胞をシート状にしたものを移植することになりますが、臓器を作る研究もけっこう進んでいますよ。

　二〇一三年には横浜市立大学の谷口英樹先生たちのグループが、ヒトのｉＰＳ細胞から肝臓《かんぞう》の原基《げんき》と言いますが、〃ミニ肝臓〃の作製に世界で初めて成功しています。

近い将来、その肝臓の「芽」を患者さんに移植し、患者さん自身の体内で臓器に育てることを目指しています。細胞でも臓器でもなく、その中間の「臓器の芽」を患者さんに育ててもらうという発想ですね。

それから中内啓光《ひろみつ》先生という方がおられます。もともと東京大学医科学研究所幹細胞治療研究センターのセンター長をなさっていて、二〇一三年にアメリカに渡ってスタンフォード大学に拠点を置いて活動されています。

中内先生がリーダーの一人として取り組んでいるプロジェクトの一つは、ｉＰＳ細胞技術を使って、ブタなどの動物の体内に、人間の膵臓《すいぞう》や腎臓《じんぞう》を作る研究です。生まれつき膵臓ができないように遺伝子操作したブタの胚《はい》に、ヒトのｉＰＳ細胞を注入するんですが、すでにブタの体内で別の個体のブタ由来の膵臓を作ることには成功しています。

羽生　動物の体内で人間の臓器を作るという「キメラ技術」ですね。

山中　そうです。成功すれば、慢性的に臓器提供者が不足している臓器移植に新たな道が開かれることが期待されています。

羽生　ヒトの臓器を作るのにブタを使うのは、どういう理由からでしょうか。

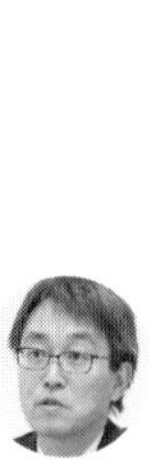

山中　意外なんですけど、ブタの臓器の機能や大きさ、形がヒトと似ているんですよ。ブタは多産で、ブタの胚にｉＰＳ細胞を注入する技術も比較的簡単です。
ｉＰＳ細胞から臓器を作るなんて、十年ほど前だと、まだまだ「いつかできたらいいな」というくらいのタイムスケールでした。それが予想を超えるスピードで進んで、今やもう決して夢物語ではなくて、あとは将棋で言うと「いかに詰ませるか」という段階に近づいています。発展のスピードが速すぎて、次の展開がなかなか予想しにくい状況ですらあります。

羽生　技術があまりに速く加速度的に進んでいくと、普通に日々を暮らしている私たちには、その実感が湧《わ》かないことがあります。車に乗っていて、時速百キロくらいだと、外の景色を見ていても「こんなふうに変わるのかな」と思えても、時速三百キロ、四百キロになると、「とにかく速いなぁ」くらいで、もう何が起こっているのかわかりません（笑）。

山中　本当にそんな感じですよ。

遺伝病の原因を解明する

羽生　現実にもう世界中で熾烈《しれつ》な研究競争がなされているようですね。

山中　ｉＰＳ細胞の実用化は世界中でいろいろ進められていますけれど、ｉＰＳ細胞そのものの研究は喜ばしいことに、日本の研究者が頑張っているんですよ。

　京都大学の斎藤通紀《みちのり》先生たちの研究グループは、ｉＰＳ細胞やＥＳ細胞（胚性幹細胞）といった多能性幹細胞から生殖細胞、つまり精子や卵子を作る研究に取り組んでいます。マウスのｉＰＳ細胞から精子のほか卵子を作ることに世界で初めて成功して、健康なマウスの赤ちゃんがもう生まれています。

羽生　ｉＰＳ細胞とＥＳ細胞はよく比較されますが、二つの研究の進捗《しんちょく》状況には差があるんですか。

山中　ＥＳ細胞も、あらゆる機能の細胞に分化することができます。一九八一年にマウスで、一九九八年にヒトＥＳ細胞が報告されました。受精卵を壊して取り出した胚盤胞から作るので、倫理的な問題を抱えています。それから移植する場合は、他家移植

（他人の細胞を移植すること）となるので、拒絶反応の問題が生じます。その点、iPS細胞は自家移植（自分由来の細胞などを移植すること）が可能なので、拒絶反応は比較的少なく移植できると考えられます。

でもES細胞とiPS細胞は由来が違うだけで、細胞としては同じなんです。ですから、あまり区別して議論するのは意味がないと僕たちは思っています。ES細胞もiPS細胞も二つのことをしなければ役に立ちません。増やすことと分化させることです。何万倍、何億倍に増やした後で、今度は別の刺激を与えて脳の細胞や心臓の細胞、あるいは臓器そのものを作る。

この増やす技術、分化させる技術はES細胞とiPS細胞でまったく同じです。今ここにES細胞とiPS細胞の入っているお皿二枚を持ってきて、「一ヵ月あげるから、あらゆる解析装置を使って、どちらがiPS細胞か当ててください」と言われても、間違えることがあります。

羽生　そうなんですか。

山中　今、ES細胞やiPS細胞から生殖細胞を作る研究については、サルやヒトといった霊長類を含む研究が進んでいます。生殖細胞を作りだすことができれば、まず不妊症

や遺伝病の原因解明に役立ちます。
　ＣｉＲＡで最も臨床応用に近い研究の一つが、パーキンソン病の治療を目指した研究です。髙橋淳《じゅん》先生らの研究グループは、すでにマウスやサルを使った研究を実施しています。そんなふうに、研究というのは、原動力となるような何人かの研究者の達成によって、思いもかけないスピードで進んでいくことを実感しますね。

羽生　３Ｄプリンターを使って骨や臓器を作る技術がありますね。これもかなり実用の段階に近づいて来ているんでしょうか。

山中　バイオ３Ｄプリンターの技術開発も、ベンチャーがすでにいくつもできています。これも十年くらい前は、もう笑い話でした。アメリカ人の研究仲間から「シンヤ、こんな特許を見つけたぞ。３Ｄプリンターで細胞をインクのように使って臓器を作るらしい」とジョークのように言われていました。本当にすごい発想だし、すごい技術ですよ。

羽生　そんなものが現実にできるとは、想像できないですものね。

山中　そうなんです。たとえ考えるくらいはできても、今やそれを真剣に実用化しようとしているグループがいくつもあるわけですからね。

ブレイクスルーは五十年前にあった

羽生　そうおっしゃっている山中先生のｉＰＳ細胞にしても、まさか時計の針が逆戻りして、いったん皮膚や血液になった細胞を元の状態に戻すことができるなんて、私たちには思いもよらない、夢のような話でした。そんなことができる、あるいはその可能性があると思われたきっかけが何かあったんでしょうか。

山中　これは先人の研究のおかげです。僕とノーベル賞を共同受賞したジョン・ガードン先生というイギリスの研究者が一九六二年、ちょうど僕が生まれた年ですけれども、カエルを使った実験の論文を発表されたんです。オタマジャクシの腸の細胞から、もう一度新しいオタマジャクシを作り出して、大人のカエルにまで成長させられることを、核移植という技術を使って証明されたんですね。

　それによって、細胞が分化した後にも、すべての遺伝情報が細胞内に残っていることがわかりました。それがわかっただけではなくて、大人の細胞からもう一度、受精卵のような状態に戻して、新しい生命、クローンのオタマジャクシを作ることに成功

したわけです。それがブレイクスルーでした。

羽生　なるほど、それが画期的だったわけですね。

山中　そもそも当時は、まだ遺伝子というものの正体がはっきりわかっていませんでした。親から子にちゃんとその性質が受け継がれるわけだから、情報を伝えるものが何かあるはずで、それを「遺伝子」と名づけていたわけですが、その実体が何かはわかっていなかったんです。

　細胞内の核の中に遺伝情報があることは予想されていました。ただ、その遺伝子のセットを全部持っているのは、次の世代に情報を伝える生殖細胞、つまり精子と卵子だけだろう、精子と卵子が受精して脳になり心臓になっていくと、もはや使われない情報が山ほどある、脳の細胞は脳になる情報、心臓の細胞は心臓になる情報さえあればいい、それ以外の使わない情報は無駄なので、物理的になくなるか、不可逆的に読めなくなる状態になっているだろう、そのほうが理にかなっている——そう百年以上前から言われてきて、実際にずっと信じられていたんです。

ショウジョウバエの触角に目ができる

羽生　教科書にもすべてそういうふうに書かれていたわけですね。

山中　そう書かないとマルをもらえない。でも、それに疑問を持った研究者が現れてきて、最初は個々に研究していたと思いますが、ジョン・ガードン先生が「クローンカエル」を作って、すべての情報が大人の細胞に残っていることが証明されました。それが一九六二年ですから、先生はそれから実に五十年を経てのノーベル賞受賞になったんです。僕はそれにちょっと便乗《びんじょう》したと言ったら変ですけど——。

羽生　いえいえ、とんでもない。

山中　クローン技術は非常に難しい技術なので、なかなか成功しないんです。哺乳類《ほにゅうるい》で成功したのが一九九六年です。クローンカエルから三十数年かかって、イギリスのイアン・ウィルマット先生が、「ドリー」という——。

羽生　ああ、羊の。ニュースで見た記憶があります。

山中　羊のドリーは、哺乳類で初めて成功したクローン動物です。それによって、カエルだ

けではなくて、哺乳類も全遺伝子情報をちゃんと保持していることが証明されました。ただ、哺乳類のクローンは非常に難しくて、職人的な人が試みて百回に一回成功するかどうかの技術でした。

それがｉＰＳ細胞という技術を使うと、誰がどこでやっても「逆戻り」する。そういう技術を僕たちが作りました。五十年前にガードン先生がされたことが誰でもできるようになった。それで二人で同時に受賞できました。だから、実際は研究が始まってから五十年かかっています。

羽生　本当に長い月日がかかって、たどり着くことができたということですね。

山中　そうですね。ｉＰＳ細胞に取り組むきっかけになったのも、ジョン・ガードン先生やイアン・ウィルマット先生のお仕事があってこそです。

それとはまた違う流れの研究で、ネズミの皮膚の細胞に、ある遺伝子を一つだけ送り込むと、皮膚だった細胞が筋肉に変わるという実験結果を二十年以上前に発表されたハロルド・ワイントラウブ先生がいました。先生は残念ながら四十九歳の若さで亡くなってしまわれましたが、たった一個の遺伝子が細胞の運命を変えることを発見されました。他にもショウジョウバエの触角にたった一つの遺伝子をむりやり働かせる

と、触角であるはずの部分が足に変わります。

羽生　えー、そうなんですか。

山中　別の遺伝子を働かせると、触角の先に目ができます。そういう、一個の遺伝子で細胞の運命が劇的に変わるという先人の研究がありました。

切断された足が再生する？

羽生　そうすると、成長後は実体があってしっかり安定しているけれども、生命そのものは極めて「流動性が高い存在」ということなんでしょうか。

山中　ものすごい流動性ですね。みなさん、ご存知のように、いちばんいい例はトカゲの尻《しっ》尾《ぽ》を切ったら、またちゃんと尻尾が生えてきますよね。トカゲの場合、尻尾は生えてきますが、中の骨までは再生していません。

羽生　ああ、あれは骨までは再生されていないんですか。

山中　ヤモリでも同じで、おそらく爬虫類《はちゅうるい》はすべてそうです。でも進化のもう少し前段階の両生類、たとえばイモリだと、足を切ったら足が生えてきて、それはちゃんと骨まで再生します。ヤモリには「骨まで再生できたイモリの時代を思い出せ」と言いたい（笑）。もっと原始的なプラナリアという生物の場合、かわいい目も神経も腸もありますが、体を半分に切ったら二匹にちゃんと再生します。

羽生　一つだった生命が二つに増えてしまうんですか。

山中　以前、京大の生物物理学教室におられた阿形清和《あがたきよかず》先生が何個まで分割できるかを研究されていました。

羽生　すごい研究をしていたんですね。

山中　十六分割でも可能でした。一匹を十六等分しても十六匹に増える。頭がない部分から、またちゃんと頭ができるし、目がない部分から目ができる。全身が再生能力の塊《かたまり》みたいな生き物です。もともと生命はそんなふうに、すごい再生能力を持っていたんですね。

　人間は残念ながら、手や指を切断したらもう生えてくることはありません。ちょっと考えると、そんなすごい能力が残っているほうが生命の維持にとって便利なような気がするんですが、なぜか人間からは、というか哺乳類からは、そういう再生能力が失われてしまった。けれども、もともとできないわけではなくて、元はできていたん

です。

羽生　進化の過程で、そうした能力を失ってしまったのでしょうか?

山中　はい。なぜそうなったかにはいろいろな考え方があって、すべて仮説です。たとえば、そういう再生能力に必要な遺伝子はがんの発生にも関わってくるから、という説があります。再生のために細胞が急速に増殖するので、一歩間違えると大きなリスクを伴う。増えなくてもいいところが増え出すと、がんになってしまうんですね。

　僕の仮説は、寿命の長さが関係している、というものです。哺乳類のように寿命が長くなったにもかかわらず、再生能力をそのまま持っていると、生殖年齢に達するまでにかなり高い確率でがんになってしまう。人間の場合、十数歳になるまで生殖できないので、その間にがんになってしまうと、種が途絶えてしまいますよね。だからやむなく再生能力を犠牲にして、寿命のほうを選択した――のかもしれません。それは全然わからない。証明のしようもありません。

　でもアメリカの国防総省などは、人間にも何とか再生能力を取り戻せないかと真剣に研究しているようです。地雷で失われた兵士の足が再生したらすごいことですからね。

羽生　ｉＰＳ細胞が実用化されてきたら、そういうことも——。

山中　ｉＰＳ細胞でそこまでできるかどうかは、ちょっとわかりません。でも研究のきっかけになる可能性はあります。

砂浜で一粒の砂金を見つけ出す

山中　ジョン・ガードン先生の研究をはじめ、これまでの生命科学の研究をすべて考え合わせると、分化した人間の皮膚の細胞や血液の細胞に、遺伝子一個では難しくても、いくつかを入れると細胞の運命がまったく変わって、受精卵のように戻るんじゃないか。そんなふうに思ったのが、ｉＰＳ細胞研究のきっかけなんです。

　そういう先人の成功があったからこそ、難しいけれども不可能ではない、と思いました。ただ、不可能ではない、できるはずだとはわかっていても、どうやっていいかわからない（笑）。

羽生　確かにそうですね。

山中　遺伝子だけでも三万個以上ありますから。ｉＰＳ細胞を作るために、そのうちのどの

遺伝子が必要なのかもわからなければ、そもそも作製に何個が必要なのかもわかりません。三万個のうちの一個なら話は単純ですが、でも一個ではないだろう、だったら十個なのか、百個なのか、千個なのか。その組み合わせは、ほぼ無限大にあるわけです。

羽生　砂浜で一粒の砂金を見つけ出すような感じですね。

山中　そうです。僕たちは最終的に四個の遺伝子の組み合わせで、分化した細胞を元に戻せることを示しました。

羽生　その四つの遺伝子に行き着くまでには、どんなプロセスがあったのでしょうか。

山中　とりあえず手元に候補として二十四個あったので、まずそれを練習としてやってみようということにしました。やってみたら、iPS細胞ができてしまった、という感じです。

羽生　はじめの二十四個はどのようにして決めたんですか。

山中　それは遺伝子のデータベースを検索したり、実験で機能を調べたり、いろいろな方法で絞り込んでいきました。ただ、その二十四個に正解がすべて含まれていると考えるほど楽観的でもありませんでした。まだまだいろいろ見逃しているだろうから、実際

は一万個くらい調べなければだめだろうな、と思っていました。
けれども、いきなり一万個も大変だから、まず二十四個で試したわけです。あとは消去法です。一個一個抜いて、その遺伝子によって初期化するかどうかを調べていったら、最終的にこの四個が必要だということがわかりました。

この発見は「間違いなく間違いだ」

羽生　最初にｉＰＳ細胞ができた結果を見た瞬間は、どんな感じでしたか。

山中　「あっ、これ間違いだ」と思いました。何かの間違いだ、と。研究室で実際、実験をしていたポスドク研究員〔博士号取得後に任期制の職に就いている研究者〕の高橋和利君には「喜ぶな」と（笑）。「もう間違いなく間違いだ」って。

羽生　「間違いだ」と思ったのは、確率的にこんなことはあり得ないからですか。

山中　確率的にも低いし、それまでの研究者人生で、そうやって「大発見した！」と思っても、ほとんどの場合は間違いなんですよ。僕たちはｉＰＳ細胞と同じ性質を持つＥＳ細胞をさんざん使っていましたから、気を付けてはいてもどこかでＥＳ細胞が混じっ

て、ＥＳ細胞が増えてしまった可能性がある。普通に考えたら、そうなんです。
だから、そうではないことを検証するのが大変でした。まず再現性を検証する。つまり何回も繰り返す。でも何回やっても同じようにｉＰＳ細胞ができてくる。けれども、何回やってもできてくるのは、何回やっても常に混じっている可能性があるわけです。ＥＳ細胞が混じっていないことを証明するために、科学的にあの手この手を試します。やってもやっても間違いではない、という事態は滅多にないことなんです。簡単に実験結果を信じたら、だいたいひどい目に遭いますからね。

羽生　ぬか喜びみたいな感じですね。

山中　ぬか喜びが多いんです。研究者の間で有名な絵があって、サルが白衣を着ている絵が二枚並んでいます。一枚は「大発見した！」と有頂天《うちょうてん》になっている。もう一枚は、ガクンとうなだれて試験管を下に落としている。同じサルです。つまり大発見したと思っても、検証したら間違いだったというのは、よく起こる普通のことなんです。

羽生　発見から裏付けを取るまでには、どれくらい検証をしたんでしょうか。

山中　それはすごく慎重に進めました。まず、高橋君にやり直してもらいました。それから僕の信頼していた二人の腹心《ふくしん》に、少しずつ方法を変えてやってもらいました。すると

羽生　高橋君が何度繰り返してもできる。他の二人がやり方を変えてやったら、さらにいいものができる。「これは間違いない」と思って発表しました。

山中　ただし発表しても、僕の研究室でできることは間違いないけれども、他の研究室でやってできるかどうかはわからないので、ドキドキですよね。だから発表から半年もしない間に、ハーバード大学とＭＩＴ（マサチューセッツ工科大学）の研究者が「再現できた」と論文を出してくれた時は本当にほっとしました。

羽生　先生が本当の意味で喜んだのはいつの時点ですか。

山中　結局、喜び損《そこ》ねました（笑）。

羽生　疑い続けて。

山中　疑い続けたし、自分たちが確信を得てからも、論文を発表したら散々批判されるのは目に見えていましたから、喜ぶ暇がなかった。

羽生　実際に批判はあったんですか。

山中　袋叩きでした（笑）。ほとんどの研究者は、いったん皮膚や筋肉に分化した細胞を元の未分化な状態に戻せるわけがないと考えていましたから。まして、わずか四個の遺伝子でできるなんてありえない、と。

アメリカの科学雑誌に論文を発表した直後、ニューヨークでiPS細胞に関する泊まりがけの研究会が開かれたんです。夜になって宿泊所のバーに行ったら、知り合いの参加者たちが僕の発表のことを話している。「聞いたか？　四つでできるなんて信じられるか？」という声が聞こえてくるんです。僕が近くにいることに気づくと、「おお、シンヤ！」。さっきまで悪口を言っていたのに（笑）。

羽生　舌の根も乾かないうちに（笑）。

山中　その後も、かなり批判されました。でもいちばん批判した本人が、半年くらいしたら、「再現できた」という論文を出してくれました。

羽生　それは逆に信頼性が高くなりますね。

山中　そうなんです。

紙と鉛筆だけでもノーベル賞は取れる

羽生　ノーベル賞について伺いたいんですが、山中先生はiPS細胞の論文発表からかなり短期間でノーベル賞を受賞されていますが、一方でノーベル物理学賞を受賞した益川《ますかわ》

敏英《としひで》先生のように、理論を発表（一九七三年）してから長い月日が経って受賞（二〇〇八年）されたケースもあります。これは、理論と実際の証明との距離感のようなものが、物理と生命科学の世界で異なるからでしょうか。

山中　物理学の場合、「理論物理」とそれを実証する「実験物理」があって、同じ物理という名前が付いていても、それぞれ明らかに違う才能だと思います。理論を考えるほうは、大げさに言えば、紙と鉛筆があって二、三ページの論文を書くだけでノーベル賞に値する大発見をすることが可能です。でもそれを実証するほうは――。

羽生　スーパーカミオカンデとかハイパーカミオカンデとか、巨大な装置を作って実験をされますね。

山中　そうなんです。何百億円ものお金をかけて、何十人というチームで証明します。理論物理とは全然違う仕事です。でも両方とも評価されますね。だからノーベル賞を理論でもらう方もいるし、実証でもらう方もいます。医学の場合はそもそも賞の名前が、「ノーベル生理学・医学賞」と生理学と医学と二つの学問分野が付いていています。

　僕がジョン・ガードン先生と二人で合わせて賞をいただいたのは、どちらかと言うと生理学賞としてだと思っています。つまり現象を明らかにした功績を評価していた

だいたのであって、医学賞ではありません。医学賞に値するような功績にまで持っていくには、このiPS細胞を使って医学の役に立たなければダメということです。僕も一応、元医者なので、一日でも早くiPS細胞の技術を患者さんに届けて、なんとか医学にも貢献したいと思って今、進めています。

受賞までの期間で言えば、確かに僕だけを見ると、すごく早いです。iPS細胞の論文が二〇〇六年、ノーベル賞をいただいたのが二〇一二年ですから六年しか経っていません。でもジョン・ガードン先生の発見からは五十年経っています。

ノーベル賞授賞式のウラ話

羽生　ノーベル賞候補になってから、受賞されるまでは何年くらいでしたか。

山中　三年くらいでしょうか。

羽生　じゃあ、その間は周《まわ》りのほうがいろいろと——。

山中　そうなんです。ノーベル生理学・医学賞の発表は月曜日なんですね。だから大学（京都大学）も普通にあいています。電話がかかってくるかもしれないので、大学の人が

教授室にやってきて、記録のためにビデオカメラでずっと僕を撮っているんです。で、インターネット中継で違う人が受賞したことがわかったら、その人は何も言わずにそのまま去って行く。「残念でした」でもなんでも何か言ってくれよ、と（笑）。ノーベル賞をいただいて何がうれしいって、あれが終わると思ったら、すごくうれしかった（笑）。

羽生　はははは。その時は、もうノーベル賞の電話しか、かかってこないんですか。

山中　いや、そんなことは誰にもわかりません。

羽生　電話に出てみて普通の用件だったら、がっかりしますよね（笑）。

山中　でも二〇一二年は、たまたま体育の日で、月曜日が休みだったんですよ。しかも僕はその年の初め、ノーベル賞を決めるスウェーデンのカロリンスカ研究所から評価委員を頼まれて、忙しいから断っていたんです。これを断る人はあまりいないらしくて、向こうの人がびっくりしていました。それもあって、僕は「当面、受賞はないな」と油断しきっていたんですよ。休みだし、これは気楽だと思って、昼間から二十キロくらい走って、晩御飯にビールを飲もうと楽しみにしていたら、妻が「洗濯機がガタガタいうから何とかして」（笑）。

転がって一生懸命直していたら、一応大学に待機していた秘書さんから「先生、今どなたかわかりませんけど、英語の電話がかかってまいりました。先生の連絡先を教えてと言われるので携帯の番号をお教えしました」と。「あっ、そう?」と言って、そのまま転がって修理を続けていたら、本当に携帯に英語の電話がかかってきたんです。話を聞いていたら、どうやら「ノーベル賞を授与することに決まった」と。「受けますか?」と聞かれたので僕は驚いて、「え? 断る人いるんですか?」。でも断った人も何人かいるんですね。

羽生　平和賞や文学賞を政治的な理由で断った人はいたと思います。

山中　それで「正式発表は二時間後だから、それまでは誰にも言ってはいけない」と言うんです。「誰にも言うな」と言われても、それは無理ですよ。さっそく大学の総長に「ここだけの話ですが」と電話しました。

羽生　準備がありますからね。授賞式が終わるまでは、やっぱりそちらにもう、かかりっきりになる感じなんですか。

山中　僕は適当でしたけど、妻はやっぱりパニックになっていましたね。取材はもちろんいっぱい来たんですけど、月曜から一週間だけ「来る者拒《こば》まず」で全部対応しました。

羽生　その代わり、次の週からは一切取材は受けませんでした。一週間後くらいにはラグビーの平尾誠二さんとゴルフしていました〔平尾氏は二〇一六年十月二十日に他界〕。将棋会館がある東京の千駄ヶ谷には、村上春樹さんが昔なさっていたジャズバーがあるんですけど、ノーベル文学賞の発表がある日は、ファンの人たちがそこに集まって吉報を待つのが恒例になっています。

山中　そうなんですか。ボブ・ディランにあげるんだったら、そろそろね（笑）。

羽生　ちなみに山中先生の時は、文学賞はどなたが受賞されたんですか。

山中　莫言《ばくげん》さんです。中国の田舎の農村出身の方で、英語がまったく話せないので、通訳の方がついておられたんです。でも授賞式の時だけは控え室には本人しか入れないんです。授賞式が時間通りに始まらないのでどうしたのかなと思ったら、ノーベル財団の人が来て「王様が交通渋滞で遅れているから開始が遅れます」と説明してくれたんです。

　でも莫言さんは何が起こっているか理解できません。僕は中国語が話せないので、どうやって伝えてあげようかと困って、アイフォンのノートに「王様遅刻」と書いて見せたら、「おおおー」って（笑）。

羽生　すばらしい（笑）。ちゃんと通じたんですね。

山中　思わぬところで日中友好ができました。

山中さんから羽生さんに質問

なぜ棋士は人工知能に負けたのでしょうか？

第2章

「負けるはずがない」と思っていた

山中　人工知能（AI）の「AlphaGo」（アルファ碁）が世界トップクラスの囲碁棋士イ・セドルさん（韓国）に四勝一敗で圧勝したことが話題になりましたね。

羽生　はい、二〇一六年三月のことでした。その年の二月、私がNHKの番組〔NHKスペシャル「天使か悪魔か　羽生善治　人工知能を探る」二〇一六年五月放送〕で人工知能を取材したとき、グーグルの傘下《さんか》にあるイギリスのディープマインド社で、アルファ碁を開発したデミス・ハサビスさんにお会いしてお話を伺いました。囲碁は少なくとも十年は人間に追いつけないと言われていたので、大きな挑戦と思えました。おそらくイ・セドルさん自身も「負けるはずがない」と思っていたんではないでしょうか。

山中　それくらい、人工知能の強さは予想を超えていた。

羽生　そうですね。将棋ソフトも想像をはるかに超えるスピードで強くなっています。二〇一七年四月、五月の電王戦《でんおうせん》では、将棋ソフト「PONANZA」（ポナンザ）が佐藤天彦《あまひこ》名人に二戦二勝しました。

　最近は対局中継で将棋ソフトがすべて同時に解析《かいせき》しているんですよ。たとえば、今の局面がプラス三百点とかマイナス二百点などと評価されます。

山中　へー、そうなんですか。

羽生　私がソフトと同じ手を指すと、「それは正解」と一手ごとに添削《てんさく》されちゃっていますから恐ろしい世界です。

山中　囲碁の打ち手と将棋の指し手の組み合わせを比べると、僕はもともと将棋のほうが複雑なのかなと思っていたんですが、実は囲碁のほうがはるかに多いんですね。

羽生　はい。数の可能性としては囲碁は十の三百六十乗、将棋は十の二百二十乗と言われています。ソフトウェアの発展で言えば、将棋はチェスや囲碁とちょっと違う歴史があ

ります。

山中　チェスに関していえば、僕がアメリカに行っていた一九九〇年代の中ごろに、ＩＢＭコンピュータの「ディープ・ブルー」が初めて世界チャンピオンに勝ちましたね。

羽生　一九九七年にディープ・ブルーは当時の世界チャンピオン、ロシアのガルリ・カスパロフを破りました。ディープ・ブルーが強くなったのは、過去の膨大なデータの力と、ハードウエアの計算処理能力の組み合わせによってです。

　ディープ・ブルーには当時でも百万局以上という大量の棋譜がデータベースに搭載《とうさい》されていました。それに加えて一秒間に二億局面を考えられるハードです。二十年ほど前ですから、ソフトはそれほど進んでいませんでしたが、データとハードの力で人間に勝ったわけです。

山中　ブルドーザーみたいな力まかせの勝負ですね。囲碁の場合、今のコンピュータの技術をもってしても、総当たりだと計算できないくらいの組み合わせになりますよね。アルファ碁は、過去の対局の勝った勝負、負けた勝負の大まかなパターン認識をして、対局に臨んでいるわけですか。

羽生　アルファ碁で使われたのが、機械に学習させることで強くしていく「ディープラーニ

ング」（深層学習、ＤＬ）という手法です。学習には二段階あって、基礎となるのは人間同士の十五万局の対局の棋譜です。囲碁サイトのデータを使い、プロと同じような手が打てるように学習させました。プロと同じような手が打てるということは、プロと同じように強くなるということです。

そして次は、機械同士の対戦で強くしていきます。機械同士なら二十四時間フル稼働で、一秒一局または十秒一局といったスピードで何十万局の対戦記録が蓄積できます。人間とはまったくスケールの違うスピードで強くなっていきます。

アルファ碁のすごいところは、こうしたハード、データの力に加えて、「ヒューリスティック」、つまり正しい答えとは限らないけれども、概算によってだいたいの答えを求めることができるようになったことです。

完全な正解ではなく、試行錯誤によって正解に近いレベルの答えを導き出す。人間で言えば直感、将棋では大局観と呼べるようなアプローチです。アルファ碁の強さは、人間とかなり近い思考プロセスをプログラムの中に組み入れて進歩させていったところだと思います。

将棋ソフトのガラパゴス的進化

山中　将棋のソフトは、チェスや囲碁とは違う進化の仕方なんですか。

羽生　そうですね。チェスや囲碁の世界は、ハードの力とデータの量に重きを置いて、グーグルなどの大企業がソフトを開発して強くしてきました。それに対して、将棋の世界の場合、ソフトの開発に巨大資本が入ってきませんでした。

　将棋ソフトは、二〇〇五年に保木《ほき》邦仁《くにひと》さんが開発・公開した当時の最強ソフト「Bonanza」（ボナンザ）がオープンソースになり、それを土台にして個人プログラマーが改良、修正を加えて進化させてきました。

山中　改良、修正とは、具体的にはどういう作業なんでしょう。

羽生　プログラムを洗練させて強くするに際して一番難しいのは、正確に局面を評価させることなんです。「評価関数」と言って、一つの局面を見た時に、先手と後手どちらが有利か、数値化するわけです。ここでプログラマーが切磋《せっさ》琢磨《たくま》して細かい修正を重ね、ソフトは強くなっていきます。

山中　ここ数年、将棋のソフトが急激に強くなっているのは何か理由があるんですか。

羽生　「ギットハブ」（GitHub）というサイトがあるんです。ギットハブはソフト開発プロジェクトのための共有ウェブサービスです。将棋ソフトはほとんどがギットハブに載っており、オープンソースなので、誰でも自由にそれを使って分析や研究ができるようになっています。

　アクセスして「このプログラムのここはおかしいよ」とか「ここは直したほうがいいよ」とチェックできます。それも最新版をどんどん載せてくれます。すると、開発者はそれを見て「自分も将棋のプログラムを作ってみよう」と思う。棋士もアマ、プロを問わず「それを使って分析してみよう」となる。それで飛躍的にレベルが上がっているんです。

山中　そこはチェスや囲碁のソフトとは違うところですね。

羽生　それが可能だったのは、実は「将棋ソフトを売る」マーケットが十年くらい前になくなったからなんです。強すぎて誰も買わなくなりました。マーケットがないので利害関係がない。だったら、いっそのことオープンソースにして、みんなで自由にどんどん進化させようという流れになったんです。

年に一度の将棋ソフトの大きな大会が終わると、上位ソフトのいくつかがウェブ上に公開されて、翌年にはそれをベースにした新しいソフトが出てきます。その年の頂上にいたソフトが翌年には五合目くらいになっている、ということが繰り返されているので、本当に驚異的なスピードで進化しています。

山中　将棋の勝負ではなく、将棋ソフトの勝負をみんなでしている（笑）。

羽生　ええ。実は私自身、ソフトの世界で将棋はチェスから十年、十五年は遅れていると思っていたんです。チェスは世界での競技人口も多いし、論文の質と量もまさっていましたから。でも今はどういう状況かと言うと、将棋の世界で強いソフトは全部無料です。しかも、いくつもあるソフトを比較して使える共通のプラットフォームも開発されています。さらに使い方がわからない人のために、マニュアルを書いてくれている人もいます。どこまで親切なんだ、と思います。

　一方でチェスの世界は、ソフトから何から全部揃えようとすると、けっこうお金がかかります。だから、チェスのソフトはそれほど多くの人が使っているわけではありません。そのため、ここ五年ほどで将棋のソフトが一気にチェスを追い越して、一番手軽で使いやすくなったんだと思います。

山中　そういうソフトを開発している人たちのモチベーションは、おそらく収益じゃないんですよね。

羽生　収益ではありません。第一、それを仕事ではやっていませんから。ただ私は、こういうことがあるんじゃないかなと思っているんです。今は結局、ビッグデータと言われるデータの力とか、あるいはハードウエアの計算リソースをどれくらい持っているかが、全体の性能や機能のかなりの部分を占めてしまっています。

　すると、プログラマーからすれば、自分の腕の見せどころがないというか（笑）、相当比重が下がってしまいます。その意味で、将棋ソフトの場合は、そこでやりがいを感じることができるようなんです。

山中　そうなってくると、どちらかと言うと、もう趣味の世界ですね。

羽生　そうですね。それに、いろんなジャンルの人たちがいろいろアイデアを共有して進化しているところが、開発者たちは楽しいのではないかなと見ています。今まで画期的なプログラムを作った人は、もともと化学が専門とか法学が専門とかまったく違う世界にいるんです。そこで得た知識や経験値を置き換えてソフトを開発していく。そういう人たちが幅広く入ってきているところが大きいと思っています。

だから、将棋のソフトはデータとハードの力ではなくて、ソフトの力をブラッシュアップして強くしてきた側面があります。そういう意味では、「ガラパゴス的な進化」を遂《と》げてきたと言っていいと思っています。

コンピュータだけを相手に練習する世代

山中　しかし、いずれにしても、まず基礎となるデータベースの規模が問われますね。

羽生　そうなんです。医学の世界だと膨大な過去データがあると思いますが、将棋の世界だとデータベースに入っているのは、せいぜいあっても十万局の棋譜です。十万局だと、データとしては価値がまださほど高くありません。

山中　十万局でも足らない。

羽生　はい。たとえば、チェスのデータベースには、今では八百万局以上の記録があります。それほど膨大なデータがあれば、データベースにそって確率的に手を選んでいけば、コンピュータが序盤で不利になることはまずありません。

山中　そうなんですか。チェスや囲碁のソフトを将棋に応用することはできないんですか。

羽生　その世界によってＡＩの向き不向きがあるんですね。たとえば囲碁のソフトだと「モンテカルロ法」という手法があります。これは、とりあえず最後まで計算してみて、統計的にいい手かどうか判断する方法です。ところが将棋の場合、百手で終わるときもあれば、二百手で終わるときもあるので、最後まで計算することに向かない性質があるんです。

　でも一方で、将棋ソフトの「読み」、探索部分は、「ストックフィッシュ」というチェスのオープンプログラムを使っているものがメインになっています。かつては「将棋ソフトには汎用《はんよう》性がない」と言われていて、他ジャンルのソフトを活用したり、逆に他のジャンルに転用したりすることはできないと考えられていました。でもこのストックフィッシュはジャンルの壁を超えて横断的にソフトが機能しています。

山中　将棋界もＡＩの影響を受けざるをえないということですね。ＡＩを将棋の研究に使うかどうか、ベテランだと「プロの棋士である以上、機械になんか頼っていられるか」というプライドのようなものもあるんじゃないですか。

羽生　あると思いますね。

山中　ＡＩがいくら優秀だとわかっていても、それを拒否する棋士もいるでしょうね。

羽生　そういうものに出会った時、アレルギーを感じて取り入れないのも一つの考え方です。でも便利なツールなので、それは電卓を使わずに計算するかどうかみたいな話でもあるわけです。だから自分で考えなければいけないところは考えるけれど、考える必要がない基礎的なところはＡＩに任せてしまう、というやり方もあります。

　ここ一、二年で将棋ソフトは非常に強くなっていて、とくに若い人たちが将棋ソフトを分析に利用する傾向は、もう当たり前のことになっています。これからの子供は、そういうものを道具として使って強くなるのかなと思っています。

山中　科学の世界と同じように、将棋の世界も変化が激しいので、それに対応していかなければいけないということですね。

羽生　ただ、それはテクノロジーの進展に伴って、これまで何回かあったことでもあるんですね。最初は棋譜のデータベースができたときです。データベースをいかにうまく使いこなすかが棋士たちの課題になりました。

　次にインターネットが登場してからは、みんながインターネットを使って練習するようになりました。以前は地方に住んでいると、対局相手に苦労したものですが、ネットのおかげで、どこにいても対戦できるようになりました。都会と地方の地理的ハ

ンデがなくなり、若いときから山ほど対局してきている人たちがいます。
　そして今度はソフトというかプログラムが出てきて、そのプログラムをいかに有効に使っていくかが、特にこれからの若い世代に求められる能力の一つになってきていますね。これからソフトだけを相手に練習して強くなる世代がどんどん出てくるでしょうね。

なぜ研究者は「隠したがる」のか

山中　将棋の世界は、オープンソースを土台にみんなでアイデアを出し合うという、インターネット社会のメリットを最大限に生かしてソフトを進化させてきたわけですね。しかし、僕がいる生命科学の世界は、研究の競争が激しくて、みんな隠して隠して、論文発表で初めて世に出すという感じです。

羽生　先端科学の世界で、ちょっと意外ですね。

山中　そうなんです。論文を発表するプロセスは、まず『ネイチャー』とか『サイエンス』というジャーナル編集部に自分の論文を送ります。そこから「ピアレビュー」（査読）

と言って、同じような研究をしている研究者数人が、ほとんどの場合匿名《とくめい》でそれを評価します。「ここは変えたほうがいい」という彼らの指摘に従って、やり直すわけです。

羽生　掲載までにいろいろな過程があるんですね。

山中　いちばんひどいときは「この研究は箸《はし》にも棒にもかからない」と拒否されるケース。これがけっこう多い。いちばんいいときは「この研究は素晴らしいから、すぐ載せます」と一ヵ月後に掲載される。そういうことも稀《まれ》にはありますが、滅多《めった》にありませんね。

　だいたい「ここは問題があるので追加実験しなさい」とか「こことここは変更しなさい」という指摘が返ってきて、そこから数ヵ月かけて追加実験をして送り返します。すると「今度はここを改善しなさい」と、またやりとりをします。一年、二年かかることもあります。だから生命科学の分野では、今取り組んでいる研究が世に出るまで早くても二、三年かかってしまいます。

羽生　けっこうなタイムラグですね。

山中　タイムラグがすごい。科学技術が日進月歩で進み、データがすぐに手に入るようにな

っています。しかもそれは膨大なデータです。それを発表せずに、ずっと抱え込んでいることが今、大きな問題になっています。

　生命科学でも発表の方法を変えたほうがいいのではないか、リアルタイムに世に出す仕組みが必要ではないか、と考える人が少しずつ増えています。しかし、なかなか進みません。なにせ過去百年以上、僕たちはそうやって論文発表を目標に研究をしてきたわけですから。

羽生　そういう学問の習慣が強固に生きているわけですね。

山中　はい。それを変えるのは、かなり難しい。僕たちは論文発表が命なんです。それを近接した分野の研究者数人が採点するとなると、その採点は、彼らと仲がいいか悪いかに必ず左右されます。それは公平とはなかなか言いがたいですよね。

すべてが「リアルタイム」の時代

羽生　最近聞いた話で面白かったのが、コーネル州立大学のデジタル・コレクション「arXiv」（アーカイブ）です。物理や数学、コンピュータなどの分野における研究者の

雑誌掲載前の論文を電子データ化して蓄積・公開する電子アーカイブです。
　研究と発表にタイムラグがあると、他の研究者たちが何をやっているかはわかりません。でも「アーカイブ」を見れば、審査前の論文が掲載されているので、どういう最新の研究が行われているかがすぐにわかる。そこでチェックしている研究者もけっこういるようです。

山中　物理学や数学は、そういうリアルタイムの発表がずいぶん前から行われています。論文発表は、最後に付け足しのような完成形でやります。学会発表やウェブ上の発表でも、どんどんデータを出して、リアルタイムに批評も受ける。間違えていたら誰かが気付く。多くの学問分野ではそういうふうになっています。
　でも生命科学は伝統的に論文発表までは隠します。学会で発表しても、大事なところはわからないようにして発表する。そんなスタイルでずーっと来ました。たとえばゲノム解析で、ある配列がある病気と関係があるとわかったら、論文にするのは当然です。でもそれと同じくらい大切なのは、この配列は関係があったけれど、こちらの配列は関係なかったという情報なんですね。

羽生　そうだと思います。

山中　でも今の生命科学の発表の仕方では、そういう情報はほとんど世に出ません。だから結果的に、無駄な研究をすることになる。

羽生　もしかすると、同じような研究を重複してやっているとか、他の研究室ですでに結論が出ているようなケースも――。

山中　多いと思います。データというものは多ければ多いほど正確になり、誤りが少なくなっていきます。生命科学はそのビッグデータの共有が他の分野に比べると進んでおらず、研究発展の大きな壁になっています。

フェイスブックを立ち上げたマーク・ザッカーバーグさんは、奥様が小児科医なんです。だから科学研究に多額の寄付をされています。二〇一六年には、一つのファミリーで三十億ドルを投じて、この世から病気をなくすためのプロジェクトを始められました。彼女らは生命科学の発表のやり方を、さきほどの「アーカイブ」のようなオープンアクセス型に変えていこうとしています。そうした計画にも多額の寄付をされていますね。

羽生　科学論文サイトの購読料が高騰《こうとう》しているために、契約をやめる組織が相次いでいることが問題になりましたね。そういう状況に不満を抱いた大学院生がコンピュータのス

キルを駆使《くし》して、何十万件という科学論文のファイルを無料配信し続け、論文雑誌側から訴えられた、とか。

山中　そもそも論文やジャーナルは、研究の発展を推進するためのはずが、逆にブレーキになってしまっているところがあります。

羽生　その他の分野でもそうかもしれませんが、研究に伴う権利だったり、特許だったりが関連しているので、なかなかすべて自由に、オープンに、というわけにもいかない。

山中　それはそうなんです。そこからパテント（特許権）も発生するので、守るところは守らないとだめなんですけれども。

私たちが「特許の値下げ」を主張した理由

羽生　その特許についてもお聞きしたいんです。アメリカでは「パテント・トロール」と言って、他人から特許を買い集めて、その特許を侵害していると目をつけた相手から巨額の賠償金やライセンス料を得ようとする人たちが問題になりましたね。それは生命科学の世界では起こっていないんでしょうか。

山中　いやいや、あります。そういうことを得意としている会社もありますよ。だから、僕たちは利益を得るためというよりも、どちらかと言うと防御のためにパテントを出願せざるを得ないんです。

羽生　そうなんですか。

山中　iPS細胞は基本的な技術です。それをプラットフォームにして、いろいろなアプリケーションを開発することが可能です。だからiPS細胞そのものを開発した僕たちからすると、できるだけ制約なく、できるだけ多くの人にその技術を使ってもらいたい。

　でも羽生さんが言われたように、僕たちの特許とは別に、営利目的で特許出願をする会社もあります。そういうところで部分的にでも特許が成立してしまうと、iPS細胞の技術がすごく使いづらくなってしまいます。

　特許は本来、営利企業が開発した技術を独占して利益を確保するために取るものですけれど、僕たちからすると、まったく逆なんです。京都大学のような公的機関が特許を取得して、ライセンス料をリーズナブルに設定する。そうすることによって、一企業の特許取得による技術の独占を防いで、いろいろな研究機関がより広く、自由に

ｉＰＳ細胞を使える環境を確保する。同じ特許ですけれども、意味が百八十度違うわけです。実際、私たちは二〇一七年、富士フィルムに細胞の開発・製造の特許料を下げるよう要請しました。

羽生　特許は企業が持つよりも、大学が持ったほうが公益に資《し》するんでしょうね。

山中　大学が特許を持つのは大切ですね。企業は収益を上げる目的が優先されますから。新たに開発された薬や医療は異常に高額で、中には患者さん一人に一億円かかるものもあります。これは世界的な脅《きょう》威《い》です。

羽生　企業は株主から利潤を求められるという事情も、もちろんあるでしょうね。

山中　そうですね。それぞれのアプリケーションは、絶対に収益を上げないと発展していかないので。けれども、根幹のところ、基盤部分は、できるだけ広く使ってもらいたい。ＯＳと一緒です。以前、マイクロソフトはどんどんＯＳを公開して、アップルは閉鎖的でしたね。

　結果として、どちらがよかったのかはわかりませんが、基本的に基盤部分はオープンにするのが世の流れになっています。生命科学の分野でも、根本的な技術はできるだけ囲い込まずにやることが、研究の進展にとっては非常に大切だと思います。

人間は「忖度」するから間違える

羽生　ただ、国によっても出願の仕方が異なり、非常に複雑ですね。

山中　はい。かつてアメリカだけが「先発明主義」という方法を採っていました。日本とヨーロッパを含めて、他はすべてが「先願主義」です。

羽生　先に出願したほうを優先させる、ということですか。

山中　出願した人に権利があるという考え方です。いつ出願したかは、年月日という公的な記録ではっきりしています。でもアメリカでは出願が後でも、「いや、実は自分のほうがそれよりも前から考えていた」と主張すると、通ったりしたんです。

その対応としては唯一、ノートをきちんと取って、その発想なりアイデアなりがいつ生まれたかの記録をつけることです。しかも自分だけでは後で書くこともできますから、第三者に定期的にサインしてもらう。そういうノートチェックをアメリカの先発明主義対策として僕もやっていました。

羽生　そこにかなり手間暇《ひま》をかけなければいけなかったんですね。

山中　でもオバマ大統領の時代にアメリカも先願主義に変えることで、一応同じルールになったんです。今はその意味でのノートのチェックは不要になりました。ただ、僕たちはその後も研究の不正を防止する意味でノートチェックを続けています。

羽生　それは記録としても大事でしょうね。

山中　そうですね。一応ルールは同じになったんですが、審査するのは人間です。アメリカの特許庁、日本の特許庁、審査団が審査します。特にアメリカの場合は、ある特許の案件については、一人の審査で決まってしまうんです。

羽生　そうなんですか。

山中　だから、その人の考えにすごく左右されます。公正に裁定してくれればいいのですが、僕らから見ていると、ちょっと理不尽《りふじん》な裁定もあるんです。彼らが国策として考えているかどうかはわかりませんが、自国の利益を勘案している部分はあるのではないでしょうか。

羽生　論文審査と同じ問題ですね。テニスだと、判定に不服があれば「チャレンジ」ができますが（笑）。

山中　球技は今、ルールがはっきりしていますよね。以前は審判が完璧に間違ったジャッジ

をしても、それには絶対従うという美学がありました。今はほとんどの球技でビデオ記録して、チャレンジして間違っていた場合は判定がくつがえされます。その点、ボクシングやフィギュアスケート、体操といった採点競技は客観的判断が難しい。人間がやると、どうしても――。

羽生　裁判にしても現実的に結論を出さなければいけないときに、人間が判断すると、色眼鏡をかけて見たり、どこかの利害を代表したりという懸念は常にありますね。それこそ忖度《そんたく》ではないですけれど、そういう余地が入ってしまいますからね。

山中　だから、特許の裁定も、論文審査も、採点競技も、人間ではなく、公正な目を持ったＡＩがやってくれないかな、と（笑）。

山中さんから羽生さんに質問

人間は将来、AIに支配されるでしょうか？

第3章

人間の美意識が選択の幅を狭める

山中　将棋の勝ち負けではコンピュータが人間よりもどんどん強くなっているということでしたが、人間同士が対戦した棋譜と、コンピュータが対戦した棋譜に、人間から見て面白さとか自然さとかの違いはあるんですか。

羽生　現在のＡＩはまだ時系列では処理していないんです。つまり対局の流れではなくて、一手ずつその場面その場面で、いちばんいい手を指していきます。そこには流れがないので、人間から見ると、ＡＩの棋譜を不自然に感じます。そこが多分、もっともＡ

Ｉに違和感を覚えるところですね。

山中　人間の思考法とは根本的に異なるわけですね。時系列というと、いわゆる定跡《じょうせき》ということになるんですか。

羽生　定跡というよりは、例えば人間の棋士は「じゃあ持久戦で行こう」とか「急戦調で攻めていこう」といった方針、方向性を持って考えていくので、指し手にそれが反映されるんですね。ＡＩは常に一手ずつリセットして考えていくので、どういう流れでその局面にきたのかは、まったく関係ありません。つまり、そこには継続性とか一貫性というものがないわけです。

　だから人間からすると、「ＡＩが対戦した棋譜は美しくない」と感じるわけですが、でも最近はその時系列をＡＩに学習させようとする試みもなされています。だから戦い方もけっこう洗練されてきていますね。まさかコンピュータにこれはできないだろう、ということも、いろいろやってくるんですよ。

山中　ということは、将棋ソフトの指し方もどんどん美しくなっていくんでしょうか。

羽生　そこはＡＩの問題というよりは、人間のほうが何を美しく感じるかという美意識の問題のほうが大きいかもしれません。棋士が次に指す手を選ぶ行為は、美意識を磨《みが》くこ

とにかなり近いものなんです。盤面にある手を指す選択肢があったとしても、人間の棋士は「美しくない」とか「形が気に入らない」といった理由で選ばないわけです。逆に言うと、盤面の好形《こうけい》、愚形《ぐけい》といった形の良しあしをきめ細かく見分けて鍛《きた》えていくことが「将棋が強くなる」ことでもあるんですね。

山中　へー、将棋が強くなるのは、美意識を磨くことだったんですか。

羽生　ところが、ＡＩは網羅《もうら》的で盲点がないだけに、そういう人間の美意識とは合わない、違和感のある形の手を提示します。その多くは、人間から見ればほとんど無意味だったりします。その意味では、もしかしたら人間の美意識が、指し手の選択の幅を狭《せば》めているのかもしれません。

　でもＡＩの考えを取り入れていくうちに、人間の美意識そのものが変わる側面も出てくるでしょうね。技術革新でそういうものを取り入れることは当たり前になっていくと思います。すると、これまでの感覚で「美しくない」として選択から除外していた手が、「指してみると、意外とこれもいけるんじゃないか？」と受け入れられることも今後あり得ます。

ＡＩは「怖いもの知らず」

山中　すると、ＡＩにも創造的なことができるということになるんでしょうか？

羽生　それも創造をどう捉えるかによります。創造的な出来事の九十九・九パーセントは、「今までになかった、過去にあった出来事の組み合わせ」だと思うのです。だから、創造とか独創といっても、将棋で言えば、「過去にあった指し手の、今までになかった組み合わせ」なんです。
　ＡＩが今まで誰も指さなかったような新手《しんて》を指す場合が最近、とみに増加しているし、実際にソフトが見つけた新手が、その後にセオリーになった事例もあります。ただ、それは人間の発想に基づく創造とは明らかに異なる創造だと考えています。

山中　ＡＩが指すような新手を、なぜ人間は指せないんでしょうか。

羽生　たぶんそれは、人間の持っている一種の防衛本能とか生存本能が、そういう手を選ぶのを避けてきたからではないかと私は思っているんです。

山中　防衛本能ですか。どういうことでしょう。

羽生　人間は継続性や一貫性に慣れ親しんでいます。そこには安心や安定がありますね。それが人間の「美しい」と感じる美意識の基になっているんじゃないかという気がするんです。逆に言うと、それまで見たことがないもの、経験したことのないことには不安や危機感を覚えるわけです。それは人間が生き延びるために必要な本能的な感覚とかセンスだったのではないでしょうか。将棋をするときも、そうした感覚を使っているわけです。また、どんなに強くなっても、王手をされると感覚的に危険を感じてしまう。

けれども、ＡＩにはもともと恐怖心がありませんから、そんな継続性や一貫性に基づいた美意識から自由に、ただただ過去のデータに基づいて最適解を計算していきます。だから人間だと絶対に選択しないような「危険」な手を指してくるわけです。

山中　コンピュータは怖いもの知らずですからね。

羽生　ソフトの開発者に「ランダムな変数をどんどん入れたら、ＡＩにも創造的な仕事ができるのではないですか」と聞いたところ、ランダムな変数を少し入れたくらいでは、私たちの言う真の意味での創造にはまったく結びつかないということでした。だから、これからＡＩの開発が進んでいっても、なかなか人間的な創造をするのは難しい

のではないかと言われています。

AIに「ふなっしー」は作れない

山中　人間の棋士のほうが将棋の創造性という点では可能性を残していますか。

羽生　両方の可能性があります。つまりAIは創造的なものは生み出せないけれど、膨大なデータをもとに盲点や死角がないような手を考えだすことができます。

さらに、AIがものすごく進歩した先のことを考えると、九十九・九パーセントは過去にあったものの組み合わせから生まれたものではあっても、残りの〇・一パーセントの部分にはそれとはまた違った創造的なものが生み出せるんじゃないかな、といった気持ちは少しあります。

しかし、それでも人間にしかできない創造もやはりあると思います。私はよくゆるキャラの「ふなっしー」の話をするんです。AIがどれだけ進化しても、ふなっしーを作ることはできないと思います。いくら過去のヒット商品のデータを集めても、初《はつ》音《ね》ミクを作ることはできても、ふなっしーのように、あんな大雑把《おおざっぱ》なデザインで大人

気を得られる、突然変異種のようなものを生み出すことはできないでしょう。

ＡＩはデータに基づいて人々が好むもの、選ぶものを予測するのは得意ですが、とんでもないものを好きになる、意外性を愛する人間の可能性は予測できないはずです。それこそ人間にしかできない創造的行為だと思います。

山中　共感の問題もありますね。ＡＩがああいうものを作ってきたら、「まだまだＡＩはダメだね」で終わるけれど、人間が作ったら「おお、ちょっと可愛いね」と（笑）。

羽生　その偏見は大いにありますね。バッハの曲のブラインドテストは典型的なケースです。「本当のバッハの曲」「ＡＩが作ったバッハ風の曲」「人間が作ったバッハ風の曲」の三種類を誰が作ったかを教えずに聴かせてみます。すると、「最も機械風」という答えが多かったのは、実は「人間が作ったバッハ風の曲」だったんです。もし、これがＡＩの作った曲と言われて聴いたとしたら、「やっぱり機械っぽいね」となるでしょうね（笑）。

山中　そのへんの都合のいいところも、なんか人間っぽい（笑）。

羽生　ＮＨＫの番組でイギリスへ行ったときに、似顔絵を描くソフトを開発したサイモン・コルトンさんという研究者にお会いしました。彼は「ＡＩはいろいろなことができ

る。詩も書けるけれど、そういうソフトを私は作らない」と言うんですね。理由は「人間が詩を書くからこそ意味があるので、ＡＩやロボットが詩を書いたとしても、そこには意味はない」ということでした。

確かに、鴨川沿いにロボットが並んで俳句を次々詠《よ》んでいる、歌会始《うたかいはじめ》でロボットが猛スピードで歌を詠んでいる。そんなふうにできた句や歌はちょっと……(笑)。

山中　あまり風流とは言えませんね(笑)。

羽生　やっぱり個々の人間が肉体を持って生活してきた背景があって書くからこそ、作品として意味を持つ、ということなんだと思います。

ＡＩに言い訳はできるか

羽生　人工知能が専門の東大の松尾豊先生は、今後、ＡＩが社会に導入されるに際して大事なのは、「ＡＩがちゃんと言い訳できるかどうか」ではないかとおっしゃっていました。

山中　「言い訳」ですか。

羽生　はい。知らない人にとって、今のＡＩは絶対に判断ミスを犯さないものと見られがちです。でも、ＡＩが実際行っているプロセスを見ると、確率的に人間よりも正しい、確率的に従来のやり方よりも成果が高い、といったことを実行しているにすぎません。ミスがゼロになるとは誰も一言も言ってはいないんです。

　ただ、世間一般のイメージとして、「ＡＩにミスは百パーセントあり得ない」と思われがちです。これは大いなる錯覚なんですけど、ＡＩが進化すると、そういうふうに勘違いする人は増えると思います。

　どんなことであれ、ミスや失敗、事故は必ず起こってしまいます。その時にＡＩはその失敗の原因や理由をちゃんと説明したり釈明したりできるかどうか。そういうことができるようになっていかなければ、ＡＩはなかなか社会に受け入れられていかないのかなとは思っています。

山中　つまり、今のＡＩには、その説明がきちんとできない。

羽生　ＡＩをめぐるさまざまな現場を取材しましたが、専門家の方が口を揃えて言うのは、「決定までのプロセスがブラックボックスだ」ということです。たとえば、ディープラーニングは何層にも何層にもディープに学習していくので、何十層と膨大なプロセ

スがあるわけです。そのプロセスを追いかけたとき、入力部分と出力部分の距離が短ければ、「ここでこういうふうになって、この結論に至ったんだな」とわかります。けれども、層が深くなると何が起こってそうなったかが人間には見えなくなるんです。結果的にはうまくいっているんだけど、どういうプロセスで、なぜうまくいったのかは、開発した本人もまったくわからないらしいんですよ。

山中 言ってみれば、結果オーライの世界。当然、失敗したときも、なぜ失敗したか人間にはわからない。

羽生 「結果として、パフォーマンスが向上したのならいいじゃないか」と受け入れる人もいると思います。でも人間がそれを使っていく以上、やっぱり「なぜ」「どのように」という疑問に答えてほしいし、知りたい気持ちは残ると思います。

たとえば金融の世界で、ロボット・トレーディングがどんどん利益を出すことに対して、異論を差し挟む人はいないと思います。でも医療の現場でAIを使っていくときに、患者さんに「どうしてこの治療法をするんですか」と聞かれて、「理由はわかりませんが、確率的に高いからです」という説明だけで命を預けてもらうことができるでしょうか。

逆に「この先生が言うのなら、信じて任せてみよう」というときがありますね。同じことを言われても、言われる相手によって全然違うように受け取れる。「この人が言うのだから」という納得の仕方はどんな局面でもあると思います。

ＡＩに言われたことを、十分に納得できるかたちで人間が説得されるかどうか、社会にＡＩを導入するときに非常に重要なポイントだと思います。

将棋の世界もそこが問われているんだと思います。ＡＩが新手を生み出したときに、ブラックボックスとなっているプロセスを人間が解明し、それを取り入れることができるかどうか。それが今、将棋の世界で問題になっていると言ってもいいと思います。

「いい感じのロボット」が登場する

山中　人間と人工知能の共存ということで考えると、そんなふうに可能性と課題が双方山積していますね。ただ、これまでの歴史を振り返ったときに、僕を含めて科学者がだいたい「できないだろう」と考えていることが、次々にできるようになっていくでしょ

う。

それが科学の力だとすると、しばらくは確かにできないかもしれないけれど、AIが相当の部分を現実にやってしまう時代がそのうち来るのではないかなという気も一方でするんです。ヒトゲノム計画だって、「こんなもの絶対できるわけがない」とみんな思っていたのが、結局できるようになりましたからね。

羽生　さまざまな分野で同じことが言えると思います。

山中　たとえば車の運転にしても、数十年もしないうちにほとんどが自動運転になっていて、多くの運転手さんが職を失ってしまうかもしれません。

医療にしても、今、医師がやっていることは、いわばパターン認識です。検査データを見て、まず診断をつける。さらに検査データを見て、治療法を決めていく。これは今でさえ多くの部分はコンピュータがやったほうが正確かもしれません。ただし、医療現場における患者への触診とか、お医者さんと話すことによる患者さんの安心感とかをコンピュータが担えるかどうかとなると――。

羽生　それは難しいでしょうね。

山中　一方で今、医療用の動物ロボットによって癒《い》やされる高齢の方も本当に多いんです

よ。生きているペットは必ず死んでしまうけれども、ロボットは修理をすれば、ずっと使えるので、ペットロス症候群を免《まぬか》れることができます。

羽生 確かにペットのように人間に接するロボットが修理に出されたとき、気を利かして傷や汚れをきれいにして持ち主に戻すと、逆にクレームが来ることがあると聞いたことがあります。ロボットでもＡＩでも長く接しているうちに、人間に対する思いと同じような感情や思い入れを持つようになるのかもしれませんね。

山中 それを考えると、お医者さんの格好をしたロボットができて、患者さんの触診までしてくれる（笑）――僕のようないい加減な医者に触診されるよりも、よっぽどロボット君のほうが安心できる、ということも起こり得るでしょうね。そうなってきたときに、それはいいことなのか、悪いことなのか。

羽生 音声認識や画像認識や匂いの感知でも、人間よりもはるかに高度なセンサーを持って、受け取った情報に従って人間に快適なふるまいができるプログラムが開発される可能性はあります。

そのとき、そのロボットは本当は感情や情緒《じょうちょ》を持ち合わせていないんだけれども、人間からすると、思いやりと優しさにあふれた、なんだかものすごく「いい感じ

のロボット」に思える（笑）。そんなロボットが登場する可能性は十分にありうる話だと思います。

山中　これから日本が超高齢社会になって、介護問題の解決策の一つとしてロボットにお年寄りの介護を手伝ってもらうとき、何を考えているかわからない人間よりも、思いやりとか優しさをプログラムされたロボットのほうが安心できるかもしれませんよ。

羽生　ただ、人間の感情も複雑ですから、介護される側にとっては、むしろ感情とか情緒を持たずに淡々とマニュアルに従ってこなしてくれる介護ロボットのほうが、気が楽なんじゃないかと思ったりもしますが。

山中　そうかもしれませんね。夜にナースコールを押すのは気がひけても、相手がロボットだったら何回でもお願いできそうです。

AIに「接待将棋」ができるか

羽生　人間のような振る舞いをする人工知能の開発で言えば、北陸先端科学技術大学院大学の飯田弘之先生は、「接待将棋」をする将棋ソフトの研究を続けていらっしゃいます。

山中　へぇー。

羽生　これは人間に勝つ強い将棋ソフトではなくて、相手の手を見ながら気づかれないように棋力を微調整して、最後に負けてくれるソフトです。しかし、ギリギリの接戦の末に負けて相手をいい気持ちにさせるのは人間ならではの行動で、ＡＩにはなかなか難しいようですね。

山中　いや、そんなこと、人間でもできない（笑）。

羽生　ＡＩの場合、負けることはできるんですけど、あからさま過ぎるらしいんです。突然、飛車を捨てだすとか（笑）、手を緩《ゆる》めているのがバレバレのことをしてしまう。

山中　それだと、こちらが勝った気になれませんからね。いい気持ちになれないから、接待にはならないんでしょうね。

羽生　ＮＨＫの番組で、ソフトバンク社が開発した人型ロボットの「Pepper」（ペッパー）を取材しました。カメラとマイクで人間の表情や感情を読み取って、自分の行動に反映させる「人に寄り添う」ロボットを目指しているそうです。私はPepperと花札をしたんですが、彼はわざと負けて私を喜ばせてくれるんですよ。ロボットに気を遣《つか》ってもらいました（笑）。

山中　なかなか心憎いロボットですね。でも羽生さんが小学生相手に教えながら指す将棋も、圧勝したらいけないんですよね。相手の子に勉強させながら、最後はちょっとした差で勝つのは、すごく難しいでしょう。これ、言ってみれば「接待将棋」（笑）。

羽生　はははは。私は百人の小中学生を相手に「百面指し」をやったことがあります。指すのはくたびれないんですけど、長テーブルをカニのように横歩きするのに疲れました。百人いると、どんなに急いでも一周四、五分はかかるんですよ。すると、子供なので隣同士で相談して、私が一周回る間に勝手に二手ほど動かしている。一回は見逃しましたが、もう一度二手指したので、さすがに教育上良くないなと「これ、二手指してるよね」と注意しました。

山中　全部お見通し。つまり羽生さんは百面全部を覚えているんですか。

羽生　いや、全部は覚えてはいないんですけれど、なんとなくイメージでこんな感じだったというのは覚えているので、自分はこんな形にしないとか、ズレていると、すぐわかるんですよ。

山中　ゴルフでも今は子供さんがやっているでしょう。ちょっとズルする子がいるみたいですね。パターの時にボールをマークよりもかなり前のほうに置くとか（笑）。ちょっ

としたことなんですけれども、大人が気付いたら、ちゃんと言ってあげないと。

羽生　そうですね。でも二手指しのときは、その子の必死さが伝わってきました。私は次の手で相手の飛車を必ず取ることができるわけです。彼はどうしても、その飛車を逃がしたかったんですよ。気持ちはすごくよくわかったんです。その気持ちを汲《く》んで一回は見逃しました。

山中　でも羽生さんにズルを指摘されたその少年はけっこう傷ついて、多分二度とそういうことはしなくなりますよね。

羽生　大丈夫だと思います。

人間が働かなくていい社会

山中　昔と違って今は六十代、七十代の人も元気に働いておられる。しかも洗濯機とか食洗機とか便利な家電がいろいろ商品化されています。工場に行くと、さまざまなロボットが働いていますよね。

だからどう考えても、百年前よりも今のほうが、僕たちは暇じゃないとおかしいん

ですよ。毎日一時間くらい働いたら、後はもう遊んでいていいはずなんです。けれども何か昔より忙しくなっているような気がしませんか。どういうことなのかな。

ＡＩが進歩していって、今後、人間のやることがなくなってくると、人間は何をするんでしょうね。「やることがないから、絵でも描こう」と描いたら、〝お絵描きロボット〟のほうが自分よりもはるかにうまく描いて、これも何か面白くなくなって――（笑）。


羽生　いろいろな可能性を言う人がいますね。労働から解放されて、自分の好きなことだけして、遊んで暮らせるようになる、と言う人もいるんですけど、さすがに今の資本主義の制度では、そこに行くまでには相当な距離があるように思います。

ＡＩがすごく進んだ世界で、何もかもＡＩが人間の代わりをしてくれる。人間はもう働く必要がなくなる。そうなったとき、人間は働かなくても、みんなで暮らしていければいいんじゃないか――ということで、いろいろ社会的な実験が一部でなされていますね。

たとえば、すべての住民に無条件で一定額を支給する「ベーシックインカム」（最低生活保障）という考え方です。スイスでは二〇一六年の国民投票でベーシックイン

カムの導入が否決されましたね。まだまだ人間のほうが変化のスピードに対応できていない感じがします。

でもどうなんでしょうか。まったく働かなくなって暇になったら、「やっぱり働こうか」と（笑）。忙しい時には働くのが嫌だったけど、暇になったら働こうと思うんじゃないかなと思ったりします。

山中　どうしても働いてしまうわけですね、人間は。

羽生　ただ、一つの可能性として、働かない生活を考えている人たちがもういます。アメリカはやっぱりすごいところだと思ったんですが、「人が働く必要がなくなって暇になったらどういう行動を取るか」をリサーチしているベンチャーがあります。何千人規模の生活を保障して三年間ほどフォローするプロジェクトです。

山中　それは、一週間くらいは幸せかもしれないですね。それを過ぎた辺りからちょっとおかしくなって……。

羽生　一週間ですか⁉

山中　休暇だと思ったら一ヵ月はうれしいですけど、それはその後に仕事があると思うからで、その後もずーっとないと思うと、何かちょっと逆にプレッシャーを感じたり（笑）。

羽生　自分だけ暇でも困りますね。友人や周りも同じように暇じゃないと。でも例えば公民館で将棋を指すために集まっている年配の方たちがいますね。あの方たちは朝の同じ時間に集まってきて、同じメンバーで将棋を指して、指している形も毎回同じで。それが延々と続いていく。ずっと同じことを繰り返していく楽しさというのもあるのかもしれません。

山中　できるかなあ？（笑）

棋士という職業はなくなるか

羽生　ＡＩの関係者に聞いた話ですが、「今後、ＡＩが発達してもなくならない職業は何ですか？」とよく聞かれるそうです。その質問に対しては「それは今まだ存在していない職業です」と答えるということでした。なるほどな、と思いました。

もちろん、今ある仕事で残っていくものはあると思いますが、これから新たにできる職業もあるわけです。百年前の人が今の職業を見ると「これは何なのか？」とわからないものも確かにいっぱいあるでしょうね。

山中　棋士というお仕事はなくなりそうにないですね。

羽生　いや、どうなんでしょうか。ＡＩは量産できますし、将棋ソフトは最近、本当に強くなっていますから。

山中　でも人間の競争は人間しかできないんじゃないですか。コンピュータが二台で将棋をやっていても、見ているほうはつまらない。「機械Ａ」が「機械Ｂ」に勝ったと言われても（笑）。そうなると、もう別の競技ですね。

羽生　今すでにＡＩ同士が一日二十四時間、対局し続けている「Floodgate」（フラッドゲート）というサイトがあります。そこから新しい棋譜がどんどん生まれています。もし将棋ファンの人たちが「ＡＩ同士の対戦のほうが人間同士の対戦よりも面白いね」と思うようになれば、棋士という職業はなくなってしまうかもしれません。そういう危機感はあります。

　逆に言うと、今の棋士には、人間同士の対局を魅力的なものにして、ＡＩ対局以上の価値をつくり出し続けていけるかが問われているんだと思います。

　一方で、ＡＩが進化していったときに、人間の発想をより豊かにさせる、人間が今まで以上の創造性を発揮できるようになる可能性も十分あるのかな、とも思っていま

す。ＡＩと同じようにとは言えなくても、人間の能力も確実に上がっているということは言えるんじゃないでしょうか。

山中　このスピードで行くと、僕たちが生きている間に、今とはまったく違う技術がまたできますよ。だって携帯電話がスマホに置き換わって、自宅でも電車の中でも子供からお年寄りまでみんな使うようになるなんて、十年前には想像もしなかったです。

　だから、今から十年後、いったいどうなっているのか、僕には想像がつかないですね。でもだからと言って、人間が機械に支配されることにはきっとなっていないと思います。

羽生　ある特定の目的に限定した専門人工知能は順調に開発が進み、活用されていくと思います。でも一つの分野で学習した知能を他の分野で応用できる、人間の知性のような「汎用性」を持った人工知能ができるのは、まだまだ先でしょうね。

ＡＩは人間の脳を超えられるか

山中　将棋や囲碁の勝負一つだけ取ると、それはコンピュータのほうが長《た》けていると思います。スポーツの分野でも、ピッチャーの投げる速さだけとか、陸上選手の走る速さだけなら、それはロボットのほうが間違いなく速い。けれども、人間とまったく同じフォームで投げる機械ができるかな。人間とまったく同じフォームで走って、人間に勝つロボットがいつできるでしょうか。いつかできるかもしれないけども、何年かかるんでしょうね。

羽生　確かにそういう、ロボットのバランスを取ったりとか、なめらかに動かしたりする運動系の技術はすごく難しいみたいですね。

　私が「汎用人工知能」に興味を持っているのには理由があるんです。アルファ碁を開発したハサビスさんは、ＡＩ開発のモチベーションの一つに、人間の思考プロセスの解明を挙げていました。実際に「ヒューリスティック」という大まかな方向性をつかむ手法は、人間に近い思考プロセスを導入していると言えます。

ただ、越えなければならないハードルはいくつもあります。「ムーアの法則」［半導体の集積密度が一年半から二年で倍増していくという半導体業界の経験則］で、現在は一つのプロセッサーが七ナノメートル（ナノは十億分の一）くらいです。いずれ限界が来るので、今はこれまでとはまったく異なる作動原理で処理速度を上げるアプローチがなされているようです。その一つが量子力学の原理を利用した量子コンピュータです。

山中　スパコン（スーパーコンピュータ）をはるかにしのぐ計算速度を実現できるとされていますね。

羽生　量子コンピュータ以外にもう一つは、人間の脳を模倣《もほう》した「脳型コンピュータ」の開発です。これから大量のデータや情報を扱うようになると、例えば神戸に「京《けい》」というスパコンがありますが、あれを千個も二千個も作るわけにはいきません。
　コンピュータの将来は、並列的な処理ができる量子コンピュータか、超省エネ型の「脳型コンピュータ」のどちらかしかないんじゃないかと言われてます。ただ、いずれにしても理論上は可能でも、近い将来ではありません。

山中　脳の解明なんてまだまだですよ。だからＡＩの開発が急速に進んで、シンギュラリティ［技術的特異点。コンピュータが全人類の知性の総和を超えるポイント］を迎えるのは三十年後と

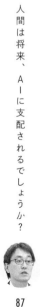

か四十年後とか言っていますけれども、人間の脳にできることを本当に全部コンピュータができるようになるかといえば、相当難しい気がしますね。僕が生きている間にできるでしょうか。

スマホは「外付けの知能」

山中　アメリカでは、「アポロ計画」「ヒトゲノム計画」に次ぐ巨大プロジェクトとして、前の大統領のオバマさんが二〇一三年に「ブレイン・イニシアティブ」を打ち出しましたね。脳の部位ごとの役割を解明して「脳マップ」を作成することで、脳のネットワークの全体像を解明する計画です。

羽生　アメリカに対抗してヨーロッパでも、巨大脳科学プロジェクト「ヒューマン・ブレイン・プロジェクト」を進めています。ローザンヌ連邦工科大学の主導で、ＥＵ（欧州連合）の資金をもとに、スーパーコンピュータを使って最終的にヒトの脳をシミュレートすることを目標としています。

山中　その辺りで、また何かブレイクスルーが出てくるでしょうね。まずアポロ計画で、コ

ンピュータの技術が飛躍的に進んだでしょう。そのコンピュータの発展があったからこそ、ゲノム計画でゲノム解読の技術が一気に進みました。そこからさらにどう進化していくか、楽しみではありますね。

羽生　個人的には、人間と機械の境界が、けっこう曖昧になってくるのかなと思っています。というのは、例えばさまざまなハンディキャップを持った人が、機能を回復させるために人工的なものを取り込んで生活していくことになると、人体のうちどこまでが生身のもので、どれくらい人工的なものが入っているのかが、だんだん曖昧になってくる気がします。

山中　日本人は見た目を重視しますからね。特に今、高齢者の方の介護が人手不足で、ロボットを導入する試みがなされていますね。いいことだと思いますが、日本だとおそらく見た目も人間っぽいものが重宝されるでしょう。

　でもアメリカだと、見た目はゴツゴツした機械的なものでも、それが実用的だったら広がるように思います。日本はそういう他の国にはない、見た目の要素も必要とされる気がします。

羽生　「ターミネーター」と「鉄腕アトム」の違いだと思います（笑）。鉄腕アトムの功績は

大きいですね。
　知能のことに関して言うと、今、かなり多くの人がスマホを持っています。スマホを持っているということは、そのスマホが持つ知能を「外付けで持っている」ことにほかならない。ＩＱ（知能指数）で表現するのが適切かどうかわかりませんが、例えばＩＱ五百とか千の人工知能を携帯できる道具が技術的に現れたときに、体外に装着するか体内に入れ込むかは別にして、それを使わない人はほとんどいないと思います。
　人間が四六時中、それを身に付けてものごとを理解できたとしたら、ＩＱ百の人間は「ＩＱ五百とはこういうことだったのか！」と腑《ふ》に落ちるわけです（笑）。そういう意味でも、人間と機械の境目がすごく微妙になってくると思っています。

山中　今でもアイフォンなんて、十年くらい前の世界最速コンピュータに近いくらいの性能があるでしょう。

羽生　アポロ計画で使っていたコンピュータの性能よりも、アイフォンのほうが高いはずです。

山中　それが、あんな小さな箱の中に入っていて、今みんなが使っていますよね。学生たち

は疑問があると、すぐアイフォンで調べるので、僕がいい加減なことを言ったら、即座に「先生、違います」（笑）。それを使うのは、もう当然ですから。

暴走するAI

羽生　そういう意味では、今後、私たち人間は「知能」とか「知性」をもう一度定義しなおさなければならなくなるかもしれません。

人類の歴史は「高い知能を持っているのは人間だけ」という前提でここまで来ました。でも将来、ＡＩのＩＱが三千とか一万になると言われています。すると、その前提が崩れるかもしれません。

「この分野でＡＩは人間以上のことができる」とか「これは人間にはできても、ＡＩにはできないだろう」といった議論をしているときに、「では人間が持つ『高い知能』の知能とは、いったい何なんだろう？」とあらためて考えざるを得なくなると思います。

でも「知能とは何なのか」と問われると、結局わからない、という結論にたどりつ

いてしまいます。人間には「実現はできるんだけれど説明できない」とか、「実際に思っていることや感じていることでも、すべてを言葉で表現することはできない」といった分野があまりにも多く残されているように思います。

山中　まさにブラックボックスですね。

羽生　ただ、ＡＩの進化によって人間の知能と対比するものが出てきたことになりますから、人間の知能の姿をあぶり出す可能性はある気がします。これまでは比較する対象がなかったので、「知能とは何か」については答えが保留されていましたが、ＡＩという比較対象を得たことで、「知能とはこういうものだったのか」と人間の知能の本質にアプローチできる可能性が出てきました。「人間の知能の正体を探究していけば、人間の知能と同じようなＡＩを作ることができるはずだ」と考えて研究している人たちも、かなりいます。

山中　ＡＩと人間が協力し合う世界では、どういう可能性が生まれるんでしょうか。

羽生　そこに私は関心があります。たとえば、アメリカでＡＩを活用した防犯パトロールの事例があります。全米でも犯罪発生率が高い街のことです。人員も限られているため、犯罪の発生地域や頻度《ひんど》などさまざまなデータを基に、ＡＩに「今日、どこにパト

ロールに行けばいいか」を決めてもらったそうです。
ベテラン警官が「なぜ犯罪なんか絶対に起こりそうにない閑静な住宅街に行かなきゃいけないんだ」と言いつつ、ＡＩの指示通りにパトロールに行くと、なぜか怪しい人がいて、まさに犯行に及ぼうと……。結果的に犯罪発生率が劇的に低下したそうです。
ＳＦ映画の『マイノリティ・リポート』を思い出しました。ＡＩが「殺人を犯す」と予知した人間を事前に逮捕するようになっているという、ある意味とんでもない近未来社会を描いています。

山中　でも、それも荒唐《こうとう》無稽《むけい》と笑っていられませんね。

羽生　そうなんです。現在のＡＩは民間企業が開発しているので、ある時期まで基本的に開発プランは公開されず、あるとき、「こんなものができました」と世の中に発表される形ですね。
そういう状況では、ＡＩの開発について、社会が新しい規準や新しい倫理をつくるといっても、どうしても現実のほうに先を越されて後手に回ってしまいます。そして、その規準や倫理を誰が、どこで、どういう形で決めるのか、その枠組みすらでき

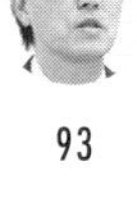

ていない段階では、極めて漠然とした話になるのでは、とも思います。

データがある世界では、ＡＩは人間の経験値を超える結果を生み出す可能性があります。ただ、それが絶対かと言われると、絶対ではないわけです。そのとき、先ほども言った「ブラックボックス問題」、結果はうまく行っているけれど、そのプロセスが誰にも見えない状況を人間の側が受け入れられるかどうかが問われます。

理屈としては理解できなくなって、ＡＩが出した結果なり結論なりを信じるか信じないか、ただそれだけの話になってしまう可能性もあります。でも人間は人間なりに考えたり、発想したりすることを捨ててはいけない、やめてはいけないと思います。

ＡＩは抜群に優秀な部下の一人

山中　今後、僕たちのような研究者や医師たちの仕事がどう変わっていくのか。たとえば、ＡＩは「こういうことをすればどうか」と研究の方向性まで助言してくれるかもしれないですね。でも、それを実行するかしないかを決めるのは、やっぱり人間です。

羽生　ＡＩは無意味なデータを大量に作るんです。ずっと動いてくれるので、将棋の棋譜も

何百万局と作ってくれます。では、それが全部参考になるかと言うとそんなことはなく、その中のごく一部がすごく参考になるだけです。だから、それに意味づけとか意義づけしていくのは、やっぱり人間なのかなという気がします。

山中　だから多分、ＡＩって抜群に優秀な部下の一人なんですよ。膨大な知識を持っていて、いつも冷静沈着。感情を交えずに「山中先生、これを選択した場合、このようになる可能性が十三パーセント高くなります」（笑）。とても貴重な情報ではあるけれど、あくまでセカンドオピニオンというか、彼は部下の一人であって意思決定者ではない。

　それは医療の世界では決定的に重要なことなんです。治療方針を最終的にどうするかは、患者さんと医師が決定するものですからね。たとえば、末期がんの患者さんに対して、ＡＩ君は「このがんは、いかなる治療をしても九十九・九九パーセント効果がありません。だから治療は中止して、ターミナルケア（終末期医療）に移行しましょう」と論理的に言ってくるかもしれません。

　でも、そういうことがわかった上で、ご本人や家族が「いや、それでもあきらめたくない。最後まで闘いたい」と希望すれば、ＡＩ君が何と言おうとも、希望をかなえ

てあげるべきでしょう。その判断はやっぱり人間にしかできません。
　そういう意味で、人間の意思は最後まで必要です。ＡＩが全部決めると、「医療経済的にこの患者の治療は必要ありません」とか「八十歳の患者に何千万円を要する治療は割に合いません」と判断しかねません。「いや、それでも治療を続けたい」という希望は考慮《こうりょ》すべきです。

羽生　そうだと思います。

山中　でも、もしかしたらＡＩ君はその辺りも各種データをもとに「理論的に考えるとこうなりますが、この患者の性格と経済力を考慮に入れると、別の選択肢があり得ます」と指示するくらい賢くなってしまうかもしれないですけど。

羽生　それには恐らく二つのアプローチがあると思います。一つは何百万人分というビッグデータをもとに「確率的にはこういうふうな選択肢があります」と答えを出すやり方。もう一つは、その人が生きてきた過去のデータを蓄積しておいて、それをもとに「彼はこういう答えを望んでいるはずだ」と答えを出すやり方です。

山中　そのときは、判断の根拠となるような、その人の個人データを蓄積しておかなければいけませんね。ランダムに入ってくるデータは蓄積できると思いますが、個々人のデ

ータは個人情報の壁があって、できるかどうかですよね。

羽生　そうですね。ただ、今はスマホを操作しているだけで、その人の情報がすべてフリーで「向こう側」に蓄積されています。

山中　確かに頼みもしないのに、アマゾンから「あなたにおすすめの本」とか言ってきますから。時々カチンと来ますね（笑）。でも相当賢い部下であるのは間違いない。

第4章

羽生さんから山中さんに質問

先端医療がすべての病気に勝つ日は来ますか？

ヒトゲノム・プロジェクト

羽生　お話を伺っていると、ｉＰＳ細胞の発見もそうですが、生命科学の世界は本当に日進月歩で、予想をはるかに上回る速さでどんどん変化している感じですね。

山中　ええ。でも、かたや「がんの撲滅《ぼくめつ》」となると、僕が医学生だったころ、多くの研究者は「人類は二〇〇〇年には完全にがんを克服《こくふく》しているだろう」と予想していました。僕が医学部を卒業したのが一九八七年だから、もう三十年前のことです。

でも、いまだにがんは克服されていません。もちろん、三十年前に比べると治療技術ははるかに進んでいますが、やっぱりまだまだがんに負ける場合も多い。そうやって進展のスピードが予想より遅い分野も、いっぱいあるということです。

羽生　そんなふうに研究が進むのが速かったり遅かったりするのは、どれだけ研究に力を注ぐかに左右される側面が大きいのでしょうか。

山中　それもあります。でもいちばん大きいのは、「ブレイクスルー」が起こったかどうかだと思います。ｉＰＳ細胞の発見もそうですが、生命科学すべての分野で、この十年二十年のいちばん大きな発見は、何といってもゲノムの解読技術です。

　ゲノムは細胞の中にあるＤＮＡで書かれた遺伝情報一式で、いわば生物の設計図ですね。科学は未来を予測しますが、先ほどのがん克服にしても、だいたい未来予測は当たりません。ゲノム技術についても、二十年前には今のような事態をほとんど誰も予想していませんでした。

羽生　それだけ予想をはるかに超えて速く進んでいるということですね。

山中　はい。一九九〇年代の後半に僕はカリフォルニアにあるグラッドストーン研究所から日本に帰国したんですが、その時は自分でもまだ実験をしていました。

ゲノム解析をするために当時どうしていたかと言うと、電気泳動でDNAを分離する装置を自分で作るところから始まります。一晩かけて固まったゲルにDNAのサンプルを流し、何時間か電気泳動をした後、ATGC（アデニン、チミン、グアニン、シトシン）の四文字からなるDNAの塩基配列を読み取っていきます。だから一回の実験で、せいぜい五百塩基対、つまり五百字を読めるくらいで、それが十〜二十サンプルですから、全部合わせても最大一万字が読めるという程度です。

羽生　二十年前には、すごく手間がかかったんですね。

山中　一回に一万字しか読めないんですから当然です。月に人類を送り込む「アポロ計画」に成功したアメリカが次に挑んだ一大プロジェクトが、一九九〇年の初めから始まった「ヒトゲノム・プロジェクト」です。アメリカを中心にイギリス、世界各国の研究者が力を合わせて、一人で三十億塩基対あるヒトのゲノムを全部解読しようとする壮大な計画でした。

　日本も少し貢献して、ヒト一人の全ゲノム暗号を十年以上の歳月と何千億円という資金をかけて、やっと解読したんです。なかなかうまく読めなかったりしていたんですが、計画は二〇〇三年に完了しました。それからコンピュータが加速度的に進歩し

て、革新的なゲノム解析技術がどんどん出てきました。

羽生　結局、コンピュータの処理速度が上がったことが大きいのでしょうか。

山中　処理速度も必要ですが、そもそもゲノムを読み取る速さで想像を絶することが起こっています。ゲノム計画で十年かかったことが、今は一日でできてしまいます。費用もどんどん下がって、二年ほど前までは十日くらいで何千万円もかかっていたけれども、今は百万円を切っています。この劇的な変化を二〇〇〇年の段階で予想した人は、ほとんどいなかったと思います。

羽生　じゃあ、全人類のゲノムを読むことも夢物語ではないということですか。

山中　これも日進月歩です。少し長いスパンで考えると、ゲノム解読におけるこの変化がこれまでの生命科学の世界における考え方を破壊したと言うか、まったく違う段階に入ったという感じですね。

ガラクタに大事なメッセージが潜む

羽生　多くの人のゲノムが解析されていくと、具体的にどういうメリットがあるのでしょうか。

山中　これまでは一つの病気に対してどの人にも同じ薬を投与して、効く人はよかったけれども、効かない人もたくさんいました。さらに、ある人には効くどころか副作用が起こってしまいます。人間には当然、個人差があります。その辺りがまったく予測できず、やってみなければわからないのが実情でした。

しかし、ヒトゲノムが解読されてから、ゲノム配列の細かな個人差が体質の差につながる可能性が明らかになっています。一人ひとりの〝設計図〟が読めるようになってきたことで、ゲノム情報から一人ひとりの病気のかかりやすさや薬の効き方を予測できるのではないかと期待されているんです。いわゆる「オーダーメイド医療」とか「プレシジョン・メディシン」（精密医療）と言われています。

実際、「東北メディカル・メガバンク計画」では、東日本大震災後に東北地方の何

万人という人のゲノムを全部解読して医療情報とゲノム情報を組み合わせたバイオバンクを構築する計画が進んでいます。

ただ、ヒトゲノムの三十億塩基対もの情報量が手に入るようにはなりましたが、問題はその意味がまだわからないことだらけ、ということです。今までほとんど知らなかった言語の百科事典が一冊簡単に手に入るようになった、でもそれを開いて見ても、何が書いてあるかまったくわからないページがいっぱいある──現状はそんなところです。

羽生　その文字というか塩基の配列の意味が解けないわけですね。

山中　はい。ごちゃごちゃして余分だったり無駄だったりして見えるので「ジャンクDNA」「ガラクタ遺伝子」と呼ばれていますね。ジャンクDNAは面白いんですよ。ヒトゲノムの〝下書き版〟が完成した二〇〇〇年、アメリカのクリントン大統領とイギリスのブレア首相が共同で記者会見を開いて完成を世界に高らかに宣言しました。

羽生　大々的にニュースになっていましたね。

山中　当時、ゲノムの七、八割は、意味のない繰り返し配列だったり、太古の昔に入り込んだウイルスの配列だったりで、もうまったく無駄な「ジャンク配列」だと思われてい

ました。でもその後、十年も経たない間に、そのジャンクにいっぱい意味があることがわかってきたんです。

羽生　ガラクタではなかったんですね。

山中　ということになってきています。だいたい、ゲノムが解読されるまで、僕を含めて研究者たちはみんな、自分たちには遺伝子が十万個くらいあるだろうと信じていたんですね。それが解読を終わってみると、二万個くらいに減ってしまって（笑）。

羽生　いきなり五分の一に。

山中　はい。でも今また、だんだん増えていって、約三万個と言われています。

羽生　若干《じゃっかん》の増減があるんですね。

山中　それもまだ確定していません。だから配列を全部読むことはできたんですけれども、意味はまだまだつかみきれていないのが実情です。

遺伝子をシュレッダーにかける？

羽生　その配列を読み解いていくプロセスはどのようにするんですか。

山中　そこが大変なんです。なぜ三十億もある情報を一晩で読めるようになったかと言うと、三十億字が記されている分厚い辞書みたいな感じですよね。それをまず〝シュレッダー〟にかけます。

羽生　いきなり。

山中　はい。シュレッダーにかけて、一個一個の切れ端は平均百文字くらいの断片にしてしまって、その百文字を瞬時に読みます。これで何千万の断片がほぼ同時に読めるので、三十億塩基対が一応、一気に読めるようになったんです。

でも結局、それはシュレッダーで切った断片の配列が出てくるだけで、断片それぞれがもともとの長いＤＮＡのどこの部分に当たるのか、つまりどういう順番に並び替えればよいのかわからない状態なので、それをつなぎ合わせる必要があるんですね。

どうやってつなぎ合わせるかと言うと、ヒトゲノム計画で解読した「国際ヒトゲノ

ム参照配列」という全ゲノム配列のいわばテンプレートがあります。それぞれの百文字がテンプレートのどこに相当するか、それをコンピュータの力で貼り付けていくわけです。

データを出すまで、細胞やマウスを扱う実験は液体の試薬を使うので「ウエット実験」と呼びますが、ウエット実験は一晩で終わります。それを次に貼り付ける作業はコンピュータだけでやりますから、「ドライ実験」と呼びます。そこが腕の見せ所というか、コンピュータの力を借りながら結局、人間が貼り付けるわけです。僕も最後は自分の目で見て、これは多分ここだろうという感じでまだやっています。

羽生　現在でも、そんな感じなんでしょうか。

山中　今でもそうです。コンピュータだけにやらせると、いっぱい間違いを犯すので。コンピュータが犯した間違いを人間が見たら、「これは間違いだ」とすぐわかるところもあれば、わからないところもあります。だからウエットな部分は一晩で済むんですが、それを実際に意味のある配列に解読していく、つなぎ合わせる作業は、まだまだ発展途上にあるということです。

羽生　三十億の塩基配列に、ある種の法則性や規則性みたいなものはないんですか。

山中　基本的には、みんな一緒なんですよ。僕と羽生さんの配列は九十九・九九パーセントくらい一緒なので、そのテンプレートがあれば、それに貼り付けていったらいいんです。過去にジャンク配列と言われたところは、同じような文字がつながっていたりするんです。アイウ・アイウ・アイウ・アイウ・アイウとか。それをバラバラにされてしまうと、同じようなところがいっぱいあるので、どこに貼り付けていいかは実はなかなか難しいところもあるんです。

　それが本当にジャンクならば、別にそこを読まなくてもいいわけですが、先ほど言ったように、今はそのジャンクと言われたところに実はすごく大事なメッセージが隠されていることがわかってきたので、そこまできちんと読まなければ間違った判断をしてしまいます。

　たとえば、僕と羽生さんの塩基配列はほとんど一緒なんですが、少しだけ違うところがあるんですね。あるところは、羽生さんはAなのに、僕はGになっている。その違いの多くは、あまり意味がありません。

羽生　あまり意味がない。なるほど。

山中　ですが、その一部に背の高さや知能、病気になりやすさとか薬への反応具合などにつ

ながる違いが入っているんです。人間それぞれの個性は、ゲノムという設計図だけで説明できるところと、その後の環境によるところがあります。

羽生　後天的な影響ですね。

山中　後天的なところは、いくらゲノムを読んでもわかりませんが、設計図のほうはゲノムを読めばわかります。今、その文字の意味づけをする作業が世界中で進められています。昔はこんなことはやりたくてもできませんでした。今はゲノムを読めるようにはなったのですけれど、まぁなかなか難儀《なんぎ》な作業ですよ。

「デザイナー・ベイビー」は許されるか

羽生　それぞれの配列の違いが、ある特性に関わってくることがわかってくれば、これまでわからなかったことや、できなかったことに可能性が開けるわけですね。

山中　そうですね。ゲノムを解読するだけではなくて、今度はゲノムを自由に書き換える技術も、一気にこの数年で発展しました。

羽生　いわゆるゲノム編集技術ですね。

山中　そうです。ゲノム編集の技術はずいぶん前からありましたが、技術的に非常に難しくて効率が低く、しかも正確性にも欠けていました。それが二〇一二年に「クリスパー・キャスナイン（CRISPR/Cas9）」という新しい技術が開発されて、その精度の高さと簡易さから一気に汎用性のある技術になりました。

　クリスパー・キャスナインの技術の根底にある「クリスパー」と呼ばれる遺伝子配列を発見したのは、九州大学の石野良純《よしずみ》先生です。この技術はＤＮＡの狙った場所をピンポイントで編集することができます。だからＤＮＡ解析と編集の技術を組み合わせると、理論的には自分たちの都合のいいように遺伝子を書き換えることが可能になります。

羽生　そうすると、「デザイナー・ベイビー」と言われる、遺伝子操作で親が望むような外見や知能を持つ子を生み出すこともありうるということですか。

山中　理論的には可能です。それをしていいかどうか倫理的な問題は別にありますけれど。

羽生　たとえば身長百八十センチにすることも――。

山中　『ネイチャー』に掲載された二〇一七年の論文では、遺伝子操作によって身長を一cmくらい変えることができそうな遺伝子が二十四個報告されています。「遺伝子ドーピ

ング」［特定の遺伝子を筋肉細胞などに注入し、運動能力に関わるタンパク質などを作る手法］によって筋肉量を増やした牛や魚は、すでにつくられています。牛でつくることができるということは、理論的には人間でもできます。それはどこまで許されるのか、人間の倫理が科学技術に追いつけるかという問題ですね。

羽生　一方で遺伝的な病気などを、生まれる前に防げるようになる可能性もあるということになりますね。

山中　はい。それに向けた研究も一部の国では始まっています。生まれつきの病気を治そうとすると、受精卵の段階でゲノム編集する必要があります。倫理的にそれをしていいかどうかが今、世界で大きな議論になっています。

　二〇一五年に中国の研究グループが、ゲノム編集を用いてヒトの受精卵で遺伝子改変を試みた結果を発表しました。中国の研究は遺伝子改変を行った胚を女性の子宮に移植することはしていませんが、学術誌からマスメディアまでその是非をめぐって世界で大論争になりました。アメリカもヒト受精卵のゲノム編集を条件付きで進めていくことになっています。

羽生　国際的な学会や団体で、ゲノムに関わる大枠のルールを作ろうとする動きにはならな

いんでしょうか。

山中 各国ごとに文化や歴史の違いがあって、世界で統一するのはなかなか難しいんです。今のところ、受精卵を使った基本的な研究はやるべきだろう、ただ実際にその受精卵から新しい生命をつくることは当面はやめよう——というのが、多くの研究者のコンセンサスだと思います。日本はまだ、その辺りの議論が紛糾《ふんきゅう》しています。

羽生 山中先生は、どの辺りまでが許されるとお考えなんでしょうか。

山中 難しいですね。生命科学の技術を使って、なるべく「健康な子供」が生まれてくるようにすることは、先ほどのデザイナー・ベイビーと言われるような「強い子供」が生まれるようにすることにとても近いんです。

羽生 そうですね。

山中 でも、まず基礎研究はやっていかなければ技術の見極めもできません。とは言っても、やはりルールは必要で、どんな研究を、誰が、どこで、どんな目的でやっているか、透明性を高めることが大前提です。その上で、ほぼ確実に遺伝する遺伝子疾患《しっかん》の予防目的といった厳格な条件下で、少しずつやっていかなければダメじゃないかなと思っています。

iPS細胞の「イージーオーダー」

羽生　iPS細胞は自分の細胞から作ると、コストや期間が相当かかると聞きました。これは技術的なブレイクスルーで解消できるのでしょうか。

山中　そうですね。理想を言うと、フルオーダーと言うか、一人ひとりの患者さんからiPS細胞を作って、その人専用に使うのがいちばんです。でもスーツを作るときもフルオーダーだと時間がかかるように、iPS細胞から移植に必要な細胞を作るためには、今のところ、半年から一年はかかります。
　さらにフルオーダーの場合、莫大《ばくだい》な費用がかかります。iPS細胞の場合は何千万円という額になってしまいます。一人二人ならばまだしも、僕たちは何万人もの方に使える治療にしたいと考えています。だから現段階では、患者さんご自身のiPS細胞を作るフルオーダーは現実的ではないと考えています。

羽生　そうすると、患者さんご本人以外の方からiPS細胞を作っておく。

山中　はい。品質確認をした後に凍結保存しておき、必要に応じて分化させて使う。これだ

と時間も費用もかなり節約できます。ところが、こうしてストックしたｉＰＳ細胞は患者さん自身の細胞ではないので、移植する際には拒絶反応の問題が生じます。人によって異なる免疫のタイプを合わせないと、拒絶反応が起こってしまうんです。だから、いろいろな免疫のタイプを揃えておこうという、いわばイージーオーダーに近い発想ですね。

　でもＨＬＡ（ヒト白血球抗原《こうげん》）という免疫《めんえき》のタイプは実は数万種類もあって、すべて揃えるのはかなり難しいのが実態です。ところが、他人に移植してもあまり拒絶が起こらないような、非常に好都合な免疫のタイプ「ＨＬＡ型ホモ」を持っておられる方が、千人に約一人の割合でおられるんです。

羽生　ＡＢＯ式の血液型で、他のどの血液型の人にも輸血できるＯ型のようなタイプ。

山中　はい。僕たちは「スーパードナー」と呼んでいるんですけれども、そういう方々を見つけて、その方の細胞からｉＰＳ細胞を作ってストックしておくわけです。スーパードナーを十人ほど見つけて、そのｉＰＳ細胞を作ったら、日本人の約半分がカバーできることがわかっています。ＣｉＲＡではできるだけ多くのスーパードナーの方からｉＰＳ細胞を作って、いつでも使えるようにする計画を進めています。

羽生　ＨＬＡというのは、骨髄《こつずい》移植などの時に合致《がっち》するかどうかが問われるものですね。

山中　その通りです。骨髄移植の時、骨髄バンクに患者さんと一致するドナー登録がされていたら骨髄が移植できるので、かなりの確率で患者さんが助かります。だから骨髄バンクは、何万人という大量のＨＬＡ情報をお持ちなんですね。僕たちはそうした骨髄バンクや日本赤十字社、臍帯血《さいたいけつ》バンクの協力を得て、膨大なＨＬＡ情報にアクセスできるようになりました。

羽生　それでスーパードナーを見つけるわけですね。

山中　はい。すでに十人以上のスーパードナーの方々を見つけました。もともとは「骨髄バンクに協力します」というボランティアの方たちだったんですが、新たに「ｉＰＳ研究にもご協力いただけませんか」とお願いして、同意が得られた方から血液の細胞をいただき、ＣｉＲＡで臨床用の質の高いｉＰＳ細胞を作って保管し、外部の研究機関に供給しています。バンクのいいところは、事前に細胞の安全性を徹底的に検証できるところです。

　僕はもともと整形外科医をしていて、学生時代に柔道とラグビーをやっていたので、脊髄《せきずい》損傷とは隣り合わせだったんですね。ラガーマンが試合中の事故で脊髄を損

傷して一生寝たきりの体になったという話も何度か耳にしてきました。
　脊髄損傷の治療の場合、けがをした後、一週間から十日のうちに神経細胞を移植する必要があるんです。けがをしてから患者さんの細胞を採取したのでは間に合いません。だから、あらかじめスーパードナーからｉＰＳ細胞を作って分化させたものをバンクに保存しておけば、迅速《じんそく》に対応できます。

細胞バンクは公的機関が担うべき

羽生　アメリカでは、そうした細胞を保管する細胞バンクが乱立しているという話を聞いたことがあります。

山中　アメリカにはもともと、そういうバンクは非常に多いですね。保険制度の違いもあると思います。日本にはみんなが平等な治療を受けられる国民皆保険のシステムが整備されていますが、アメリカは保険のある人ない人、一人ひとり違います。保険にも種類がいろいろあって、どこまでの治療が保険でカバーされるのか人によって違います。その辺の文化の違いもあるとは思います。

日本はそうした細胞バンクをできるだけ一本化しようとしています。いちばん大きいのは、茨城県つくば市にある理化学研究所のバイオリソースセンターです。これは国のプロジェクトです。僕たちはＣｉＲＡで作った細胞のほとんどをつくばに送っています。ただ、一ヵ所だけに保管すると災害などで一度に全部失われてしまう可能性がありますから、ＣｉＲＡにも置いてリスク分散を図《はか》っています。

羽生　個人の細胞の保管は、公的機関と民間機関のどちらが担《にな》ったほうがいいのでしょうか。というのは、少し先のことを考えた場合、一人の個人のｉＰＳ細胞やＥＳ細胞があることが、その人の生命そのものを守るという事態があり得ますね。となると、ｉＰＳ細胞を持っていることが基本的な人権のようなものになるかもしれません。個人的には、公的機関が担ったほうが理にかなっているのかなと思うのですが。

山中　僕もそう思います。日本は基本的にそういったバンクは公的機関で行ってきました。ｉＰＳ細胞のバンクだけではなくて、以前からある骨髄バンクとか臍帯血バンクがそれに当たります。

もちろん、プライベートバンクにしても、各人専用に有料で保管し、当人が病気になった時のためだけにバンクしておく事業も別にあります。しかし今、日本で存在し

ている骨髄バンク、臍帯血バンクは、不特定多数、誰にでも提供するバンクです。僕はこの「日本型」を続けていくほうがいいと考えています。

羽生　ただ、ｉＰＳ細胞やゲノム情報を研究する場合、個人のプライバシー保護との線引きというか、ルール作りが重要になってくると思います。ＣｉＲＡではどうしているのでしょうか。

山中　それについては、僕たちもすごく気を遣っています。ゲノム情報は究極の個人情報ですからね。ＣｉＲＡでは奥に建物がもう一棟あって、ワンフロア全部にゲノム解析装置やコンピュータを入れています。そのシステムはインターネットからは遮断《しゃだん》しています。

羽生　情報が外部に漏《も》れないようにしている。

山中　はい。ネットにつなげると、サーバーが攻撃される危険性がありますから。ゲノム情報などを解析する部屋は、もちろん事前に登録している人間しか入れませんし、そこで何をしているか、すべて監視カメラでウオッチしています。システムからは大量の熱が出るので、空調のための電気代だけでも相当かかりますよ。

まだ一割しかわかっていない

羽生　個人のプライバシー保護とセキュリティーについて、まだ世の中に認識が十分行き渡っているとは言えません。

山中　遺伝子検査をしている会社など、日本でも多くの民間企業がそうした個人に関わる膨大なデータを蓄積しているわけでしょう。検査に要する費用も安くなって、みんな手軽に遺伝子検査をしているけれども、実は究極の個人情報を売り渡しているわけです。

羽生　そうですね。むしろお金を支払って与えています。

山中　アメリカのＩＴ企業が、個人のゲノム情報を保存したり解析したりするサービスをしていますね。性善説に立ちたいですけれども、一歩間違えたら大変なことになります。正直に言って心配なところがあります。

羽生　本当に難しい話だと思います。個人情報の保護は必要だけれども、保護し過ぎると、競争に負けてしまうかもしれない。そうすると、ある程度認めていかなければいけな

いということになります。

山中　グーグルも「23andMe」（トゥエンティスリー・アンド・ミー）という個人向け遺伝子解析サービス会社に多額の投資をしています。彼らが本当に遺伝子の情報を正しく使うかどうかとなると、やっぱり少し心配になってしまいますね。23andMeは、自分の民族的な背景というか、自分の先祖がどこの出身かも調べることができるんですよ。

羽生　それは興味を持つでしょうね。

山中　検査をしている人同士で、親戚に実は誰と誰がいるとわかるわけです。僕の友人は、母親が日本人で父親は白人ですが、遺伝子を調べたら、「五十パーセント・ジャパニーズ」と出た。当たり前のことなんですが、とても喜んでいましたね。

アメリカで白い三角頭巾《ずきん》を被《かぶ》った白人至上主義者たちの結社がありますね。あるメンバーが出自を調べたら、実は曾曾《ひいひい》おじいちゃんが黒人だったという話を聞いたことがあります。だから、遺伝子検査をすることである意味で差別にもつながるし、一方で実はみんな等しく、いろいろな遺伝子を持っていることもわかります。

羽生　そういうことですね。みんな等しく雑種であるということですから。

山中　その通りなんです。世界中の多くの人が、究極的にはネアンデルタール人との雑種な

んですよ。

羽生　ヒトとチンパンジーも、そんなに差がないんですよね。

山中　ヒトとチンパンジーで九十八パーセントくらい同じ遺伝子を共有しています。ヒトとネアンデルタール人は九十九・五パーセントくらいじゃないですか。

最新のゲノム解析で、今の人類は旧人類のネアンデルタール人から進化したのではなくて、サルから別々に進化した別系統の種ということがわかっています。遺伝子を調べると、サハラ砂漠以南の人々を除くほぼすべての地域の人々にはネアンデルタール人のゲノムが交じっています。どこかで異種交配があったはずです。遺伝子検査をすると、そういうこともわかっていきます。

羽生　ゲノム解析がこの勢いで進んで行けば、四十年、五十年後には、かなりのことがわかるのではないですか。

山中　受精卵から臓器がどうやってできるかという発生学の研究はどんどん進んでいます。ゲノム解読で生命科学はものすごいスピードで進展しているにもかかわらず、実はまだまだわからないことばかりです。いったい、どれくらいわかっているのかな。多分、まだ一割もわかっていないんじゃないでしょうか。

羽生　それくらいですか。

山中　人間だけではなくて、受精卵一個から生物ができるプロセスは、本当に奇跡のようなものです。今が一割しかわかっていないとすると、三十年前は一パーセントもわかっていなかったんじゃないでしょうか。でも三十年前の研究者は、やっぱり「一割しかわかっていない」と思っていたのかもしれませんね。

羽生　じゃあ、今から三十年経っても、やっぱりまた「一割くらいしかわかっていない」と思っているかもしれません。

山中　その可能性は高いですね。

山中さんから羽生さんに質問

人間にできるけどAIにできないことは何ですか？

第5章

藤井聡太四段は何が違うのか

山中　藤《ふじ》井《い》聡《そう》太《た》四段の登場で将棋界が盛り上がっていますね。

羽生　もうすごいことになっています。藤井さんを含め、今まで中学生で棋士になった人は五人います。ただ、そうは言っても、十代のころはみんな「ここは強いけれど、ここは弱点」といった粗削りな部分が必ずあるんですよ。でも藤井さんにはそういったところがまったく見当たりません。すごく完成されています。連勝の新記録樹立もすごいのですが、連勝中、対局の中ではっきり不利になって危なかったと見えた局面は数えるほどで、ほとんどは圧勝です。これはものすごいことです。

山中　何が違うんですか。

羽生　わからないです。何が違うかわかりません。

山中　そうですか。羽生さんがわからないのなら、僕らは絶対わからない（笑）。藤井さんがコンピュータで将棋を研究していることと関係があるんでしょうか。

羽生　いや、ほかの棋士たちも使っていますから、多分それはあまり大きな要素ではないですね。藤井さんが仮にコンピュータを使っていなくても、強くなったことは間違いありません。彼はもう十歳くらいから詰将棋の世界ではすごく有名でしたから。

　まず四段になろうと思ったら、最低限の定跡《じょうせき》やセオリーを身に付ける必要がありますけど、それを習得するにはけっこう時間がかかるんです。すべて押さえるまでに二十歳くらいになっていてもおかしくありません。ところが藤井さんは十四歳でほとんどすべてに対応しています。これは驚くべきことで、もうセンスが抜群にいいとしか言いようがありません。

山中　若いのに話し方が何か人生を達観しているような感じですよね。

羽生　将棋だけじゃなくて、受け答えもしっかりしていて感心します。先日、将棋連盟の総会があって、新人が挨拶をする場で、藤井さんは中学校に行かなければいけないので、師匠の杉本昌隆七段がメッセージを代読していました。「藤井に代わりまして、師匠の私、杉本がメッセージを預かってまいりました」という挨拶で会場は大爆笑でした（笑）。これからもちろん本人は大変ですが、師匠を含めた周りもどう育てていくか大変だと思います。それにしても、卓球の張本智和君も十代前半ですが、何かゴールデンエイジみたいなものはあるのかもしれないですね。

山中　でも羽生さんだって、将棋界で「羽生以前、羽生以後」「恐るべき世代」なんて、ずっと言われてきたわけじゃないですか。

羽生　いや、私の時とは比べものになりません。私が中学生棋士だったのは三段リーグがない時代のことで、現在は三段リーグを勝ち抜いて四段になること自体がとても大変です。この状況で将棋史の最年少プロデビュー記録と連勝記録を塗り替えたわけですから、その価値は想像以上に大きいと言えます。

山中　日本にもアインシュタイン型の若き天才がいますよ。孫正義《そんまさよし》さんの育英財団の集まりでご一緒したとき［財団で山中さんは副代表理事、羽生さんは評議員を務めている］、エラい子た

ちがいましたね。

羽生 十四歳くらいの子が数学の話を二分間してくれました。二百年前の数学者の研究にまつわる話みたいなんですけど、内容があまりにも高度過ぎて、私にはまったく理解できませんでした。質問の時間もあるんですが、難し過ぎて誰も質問できない（笑）。しかも子供の話し方ではなく、もう完全に大人の話し方です。当人を見なければ、大学の先生かと思ってしまいます。世の中は一体どうなっているんでしょうか（笑）。

クリエイティビティは衰える

山中 年齢で言えば、若いほうが頭は絶対に柔らかいですよね。アイデアにあふれていると思います。日本では仕組みとして大学院生にならないと、いわゆる「研究」はできないけど、海外だと飛び級で、もう十七、八歳で大学院に入る人もいます。

羽生 アイデアの豊かさとは別に、何度も繰り返して検証していくとか、一つのものにまとめる力はどうでしょうか。

山中 その辺は、やっぱり経験が必要になりますね。ただ、五十代半ばになってすごく感じ

るのは、二十代、三十代のころに比べると、ひらめきとかクリエイティビティは確実に下がっているということです。昔だったらどんどんアイデアが出てきたのに、残念ながら今は昔ほどには出てきません。ひらめきやクリエイティビティは、カーブを描いてどんどん下がっています。

ただ一方で、いろいろな経験を積んでいますから、悪知恵だけはどんどん（笑）……悪知恵というと言葉は悪いですが、経験に基づいた知恵はどんどんついてきているので、差し引きどうなのかはわかりません。

役割交代と言うんでしょうか。以前はアイデアを出すのは自分の役でした。手先もいちばん器用なころで、自分で実験して、自分でデータを出していました。今、そういうことは若い人にどんどん任せて、僕は戦略を練るとかマネージメントをするほうに変わってきつつあるんです。僕は今、五十代半ば。羽生さんは——。

羽生　四十代半ばです。

山中　まだまだ若いですね。僕もそのころはすごく元気だったんです（笑）。

羽生　先生は一年に何回もフルマラソン、走られているじゃないですか（笑）。

山中　今も鴨川をよく走りますけど、僕はスポーツでもプレーヤーにしかなったことがなく

て、監督とかコーチはしたことがないんですよ。でもプレーヤーのほうが楽ですね。自分さえ一生懸命走れば、タイムはよくなっていきます。走るのはしんどいけど、努力さえしたら、ほかの人に頼らなくても成績は上がっていきます。実験もそうです。自分さえ一生懸命に実験したら、ある程度成果が得られます。

　でも今は、他の人にやってもらわなければいけません。それも一人ではなくて、たくさんの人にやってもらう必要があります。これは本当に難しいですね。

羽生　自分だけ一生懸命やっても――。

山中　他の誰も動いてくれなかったら意味がないわけです。だから、人をどう動かすかが大変です。年齢との関係で言うと、羽生さんは十代からずっとトップを走ってこられて、今後、五十、六十になっていくと、戦い方も変わっていくものなんですか。

羽生　変わっていくものですね。今おっしゃった感じは、将棋の世界もほとんど同じです。将棋の世界で本当の最先端の技術や流行のかたちを生んでいるのは、実はほとんど十代後半から二十代の前半で、段位で言えば三段、四段、つまりまだプロになっているか、なっていないかくらいの、名前も全然知られてないような人たちなんです。

ただ、そのアイデアの全部が全部いいアイデアとは限りません。まさに玉石混交《ぎょくせきしんこう》

で、十個のアイデアの中に一個、二個、すごく素晴らしいものがあって、それがブレイクスルーを生んで進んでいくところがあります。

直感、読み、大局観

山中　将棋の世界のブレイクスルーといっても、僕らにはなかなかイメージがつかめません。藤井四段がすごいということはわかるけども、どんなふうにすごいかが……（笑）。将棋を指す際、棋士の頭の中ではどんなことが起こっているんですか。

羽生　対局するときに、棋士は最初に「直感」を使います。将棋は一つの局面で平均八十通りの指し手があり、これまでの経験から、直感で急所、要点と思われる二、三手に絞ります。

山中　八十通りもあるんですか。

羽生　はい。直感といってもヤマ勘みたいなものではなく、いわば経験や学習の集大成が瞬間的に表れたものですね。だから、直感は一つずつ論理的に詰めていけば間違いは少ないのですが、逆に論理を誤れば、正しい結論にたどり着けないことがあります。

「直感」の次に「読み」に入ります。未来をシミュレーションするわけです。ここでロジックだけで先を読もうとすると、すぐに「数の爆発」という問題にぶつかります。一手三通りずつ読んだとしても、十手先には三の十乗の六万通り近くになります。最初の直感でほとんどの選択肢を捨てているにもかかわらず、十手先にはもうこれだけの可能性を考えなくてはならなくなります。

実戦では十手先はほぼ予測できません。仮に十手先を計算したとしても、自分が予想していない手を指されて、もう一回そこで考え直すケースがほとんどです。実際の対局は暗中模索で続けていくことが多いですね。逆に自分の思い描いたビジョン通りに進んでいる時ほど要注意です。相手もそれを想定しているということですから。

山中　ああ、なるほど。

羽生　三番目に「大局観《たいきょくかん》」を使います。「桂馬《けいま》を動かす」といった具体的な一手ではなく、最初から現在までの流れを総括し、先の戦略を考えるわけです。

読みというのは、基本的に論理的な積み重ねの地道な作業ですが、大局観は勘とか感性みたいなものです。「ここは守りに徹する」という大局観があれば、守る選択肢だけに集中して考えればいいわけなので、無駄な思考を省くことができます。

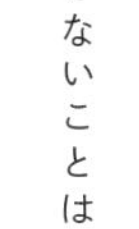

戦い方は年齢によって変わる

山中　直感、読み、大局観の三つを使って考える。棋士の年齢によって、その比重というか割合が変わっていくわけですか。

羽生　そうです。記憶力、計算力、瞬発力が強い十代から二十代の前半ごろまでは読みが中心です。年齢が上がって三十歳を過ぎてくると、経験値を積む中で直感や大局観といった感覚的なものを重視する傾向があります。

　これは良い悪いではなくて、山登りで言えば、北から登るか、南から登るかの違いです。残念ながら、両方を同時に伸ばすことはなかなかできなくて、片方が伸びると片方が衰える、そんな感覚があります。結局、それぞれどれほどの割合でやっているか、その時その時のスタンスだと思います。

　若いときは経験も何もないので、ひたすら読む、ロジカルに考えてどうなるか、だけなんです。年齢を重ねると、「いかに手を読まないか」という大局観が身についてきます。無駄な読みを省いて「ここは守るべきか攻めるべきか」「長期戦にするか急

戦調で行くか」という方針をパッと判断します。そうすると未知の局面に対応できるようになり、若い棋士とも互角に戦える可能性が開けます。

大局観は年齢とともに精度が上がってきて、一目その場面を見て指し手が判断できるようになると楽ですね。でも地道な読みや、きめ細かな詰めがおろそかになってしまうと、最後の決断のところの精度が鈍くなってしまうことはありますね。

山中　面白いですね。生き方がそのまま戦い方に表れているような感じがします。

羽生　実は年齢が上がると多くなってくるのは、ケアレスミスです。技術的な力はそうそう衰えないんですが、ときどき空白の時間ができてしまいます。つい指してしまって、それがミスにつながるんです。

ただ、難しい局面のときに、その難局を抜けだす方法は、若いころより今のほうが間違いなくたくさん浮かびます。だから、ある一定のところ以上まで来ると、そこから進歩しているかどうかわからなくなるところがありますね。

でも勝率で見ると、通常は二十代のときがピークで、三十代、四十代と歳をとると落ちていきます。スポーツの世界ほど極端ではないにしても、やっぱり若いときがいちばん調子がよかったという人が多いと思います。

おおむね年齢が若いほうが有利ですが、二十代のときは二十代のときの強みがあるし、三十代になれば三十代、四十代には四十代の強みがあります。そこを見つけて伸ばしていくしかないと思います。

「いかに得るか」よりも「いかに捨てるか」

山中　そうすると、若い世代と対局していると、やっぱり何か感覚が違いますか。

羽生　そうですね。対局をしていると、ジェネレーション・ギャップを強く感じます。これは若い人と日常会話をするときに、意味はわかるけれども何か感触が違う、違和感を覚える、という感覚と似ています。それが将棋の指し手の一手一手に出てくるんです。自分が予想もしてなかった、考えてもみなかった手を指されて、なかなか対応できないケースもあります。

　どうしてそれが彼らにできるのかを考えたことがあります。私は後から出てくる世代の人の強みは、「いいとこ取り」ができるからなんじゃないかな、と思っているんですね。

山中 ほう、いいとこ取りですか。

羽生 つまり、持っている知識量は歳を取っている人のほうがたくさんあるんでしょうけれど、若い人は本能的に「これはだめ」とか「これは使えない」というものを何のためらいや先入観もなく、ばっさりと切り捨てることができます。そこから新しいアイデアを思いつけるのではないか。

将棋の世界は「いかに得るか」よりも「いかに捨てるか」「いかに忘れるか」のほうが大事になってきます。たとえば自分がすごく時間をかけて勉強したものを捨てることはなかなかできないんですよ。

でも変化の激しい時代ですから、十五年前くらいに研究していた型も、今はまったく何の役にも立ちません。それをむしろ、ためらいなくどんどん捨てていかないと、時代についていけなくなると感じています。そういう意味では、「思い入れを捨てる」ことが非常に大事なのかなと思いますね。

山中 それが意外と難しい（笑）。

羽生 これは将棋が強くなるためにいちばん大事なことは何か、ということでもあります。いろいろな手筋を覚えて増やすことも必要ですが、最も重要なのは「ダメな手がわか

ること」だと思います。ダメな選択肢、指してはいけない手が瞬間的にわかるかどうか。これはすごく大切です。

　というのも、いくらたくさんの手が読めても、そのなかにダメな手が一つ入っていると、すべて台なしになってしまうからです。ダメな手を瞬時に排除することができれば、効率よく読み進めることができます。

山中　それは、考えなくていい手が増えるということですからね。ＡＩは総当たりでやっているんですか。

羽生　いや、ある程度の幅は持ってやっています。今の将棋ソフトの力では一秒間に五百万局面くらいを読めると思います。でも私は将棋ソフトの局面を見ていて思うんですが、万単位のオーダーではまったく正確な判断には行き着きませんね。少なくとも一つの局面で億は読ませないと、ちゃんとした評価にたどり着いていません。

山中　一手に億ですか。

羽生　ということです。つまり枝葉がいろいろ分かれて、少なくとも億は読まなければ、正しい答えにはたどり着けないということです。だから、やっぱり将棋というゲームはすごく難しいんだなと最近よくわかりました（笑）。

百年前の棋士と現代の棋士が戦ったら

山中　将棋も囲碁もそうだと思うんですが、大変長い歴史がありますね。

羽生　将棋はルールができて四百年です。

山中　不思議なのは、その四百年、基本的に駒の種類やルールが変わっていないことです。チェスもそうですね。

羽生　変わっていませんね。

山中　ちょっとは変わっていてもよさそうな気もするんですけれども。

羽生　過去に現れてはなくなっている将棋はたくさんあります。ルールを変えに変えて、一応これがいちばんいいだろうというところに落ち着いています。もしかしたら将来、変える必要が出てくるかもしれませんが、いまのところ変えなくてもいいことになっています。

山中　僕は何でもスポーツと比べてしまうんですが、スポーツはルールがどんどん変わっているものが多いんです。僕が学生時代にやっていたラグビーなんて、ものすごく変わ

っています。

羽生　ラグビーではどこのポジションをされていたんですか。

山中　ロック（フォワードの2列目）です。

羽生　けっこうハードなポジションですね。

山中　僕がロックをやるくらいだから、大したチームじゃなかった（笑）。一方でマラソンや短距離走なんて基本的にルールは変わっていません。どちらも、百年前と比べたら、間違いなく記録は向上していますね。

あまり単純に比較はできないけども、将棋や囲碁はどうなんでしょう。四百年前の棋士、百年前の棋士、現代の棋士。それぞれトップの棋士がもし一堂に会して勝負をしたら、やっぱり時代が新しければ新しいほど、棋士は強くなっているんですか。

羽生　知識の力は確実に今のほうが上がっています。だから、たとえば百年前の棋士が現代にやってきて戦っても、知識の力でまず圧倒されてしまうでしょうね。ただ、百年前の棋士が三年間とか五年間といった一定の期間、現代の将棋になじんだら、多分実力的には引けを取らなくなると思います。

将棋で問われるのは、知識の力とともに、未知の局面における対応力です。その力

は、江戸時代の棋士も現代の棋士も、それほど変わらないのではないでしょうか。知識量が圧倒的に違うといっても、重要なのは四百年の歴史のうち最近の五十年ほどです。半世紀分の棋譜《きふ》を学べば、ほぼフォローできます。

山中　記録に残っているのは江戸時代からなんですか。

羽生　家元制度が始まった四百年前、最初は将棋の名人と囲碁の本因坊《ほんいんぼう》が対局した古い記録があります。

山中　将棋の名人と囲碁の本因坊が何の対局をしたんですか？

羽生　将棋の対局です。最初のころは、囲碁の本因坊が勝っていたりするんです。

山中　へー。めちゃめちゃ面白い話。

羽生　何といっても四百年前ですから。でも、ちゃんと棋譜も残っています。

山中　そうですか。ちなみに僕と井山裕太本因坊の棋譜は毎日新聞に掲載されました（笑）。

羽生　そうなんですか。それはすごい（笑）。

山中　途中でやめていますけれど、最後までやっていたらよかったな。

問題を解くだけでは限界がある

羽生 将棋はもともと家元制度で、江戸時代には一部の人しか指せない閉じた世界だったんです。名人も世襲制でした。大正時代以降、将棋連盟が設立され、実力次第で誰でも入れるような世界になりました。そこにどんどんテクノロジーが入ってきて、今のような状況になっていることに、すごく不思議なものを感じますね。

　本来はすごく古い伝統的世界ですから、三十年前にこんな手を指したら師匠から破門されそうな手とか、「こんなことをしてもいいのかな」という手が、今の将棋の世界では主流です。それだけ短い単位で戦略を切り替えていかなければならなくなっています。

山中 そうすると、将棋の学び方も昔とはずいぶん変わっているんじゃないですか。

羽生 そうですね。インターネットができて、若い人たちはみんなネット上で練習するようになりました。これから先は多分、ソフトを使って研究するのが主流になるでしょう。

山中　それはもう間違いないでしょうね。

羽生　ただそのとき、仮に問題と答えがあったとして、問題と答えだけを見ていくことで人間は能力を伸ばせるかどうか、が問われます。つまり、そこに先生やコーチといったサポートする人がいて、「ここはこういうふうに考えて解くんだよ」とか「こういうやり方のほかに、こういう方法があるんだよ」というような考え方の筋道を学ばなければ、人間はその世界についてちゃんと理解できないのかなとも思います。これはほかの分野もそうではないでしょうか。

山中　確かにそうですね。僕は小学校のときに少しだけ将棋を勉強したことがあるんです。母親に負けるのが悔しくて、割と一生懸命に入門書を読みました。でも、指し方は書いてあっても、なぜそう指すかが書いていない。理由は「これが定跡だから」。でも、ある本には一手一手の意味となぜその手を指すかの理由が書いてあって、初めて納得できた、という経験がありました。

羽生　インターネットは一つのツールとしては強力なので、今後も使われていくんだと思いますが、若い人たちがどれだけ有効に、有意義にそれを使いこなしていけるかは、歴史的な実験の面もあるんじゃないかなと思います。

大発見を導いた「勘」

山中　僕はもともと臨床の医師で、今は研究をやっていますが、研究でもＡＩを活用しています。まだまだＡＩよりは自分たちでやったほうがより正確だなと思うことも多いんです。でも自分たちが今やっていることが、将来的にＡＩに全部置き換わってしまうのかどうかを真剣に考えます。ｉＰＳ細胞樹立の過程で僕たちがやったことを、どれだけＡＩにできるのかな、と。

羽生　多分、どの分野でも同じような課題に直面しているでしょうね。

山中　ｉＰＳ細胞を作ることに成功したプロセスで、僕たちが二十四個の遺伝子から細胞の初期化に必要な四個の組み合わせに行き着いた秘訣は、言ってみれば「勘」だったんです。もう何だか知らないけれども、「どうもこの遺伝子があやしい」「この遺伝子は絶対試したい」という勘がありました。問題は、僕たちが「勘」と呼んでいるものをＡＩ君がはたして再現できるかどうか。

先ほど将棋を指す際の直感、読み、大局観というプロセスを伺《うかが》いましたけど、羽

生さんはふだん将棋を指しているとき、どれくらい勘で指してらっしゃるんですか。

羽生　いや、ほとんど勘です（笑）。あまり先のことを読んでも、あっという間に何千手とか何万手の手数になってしまうので現実的ではありません。もうほとんどの局面で、勘によって絞った二つか三つくらいの手しか考えていません。だから全体から見れば、ほんのひとかけらという感じなんです。

　でもそこで大事なのは、勘でどれほど精度の高い判断ができるかです。それから、必ず予想外のことが起こります。その予想外のことが起こったときに、どれだけうまく対応できるかです。

山中　やっぱり勘なんですね。じゃあ、その勘っていったい何なんだろうといつも考えるんです。勘には、単純なくじ引きみたいな勘もあると思うんですが、羽生さんの勝負のときの勘も、僕たちが研究でこの遺伝子をぜひ試したいと思った勘も多分、単純なくじ引きをやっているわけではなくて、過去の経験に基づく何らかの判断がモヤーッとしたところであるような気がするんですね。でもそれが何かというのは、なかなか自分でも言葉にできません。

「空白の時間」がひらめきを生む

羽生　脳科学者の池谷《いけがや》裕二《ゆうじ》先生は、説明できるプレーに関わる勘を「ひらめき」と言って、説明できないプレーに関わる勘を「直感」と呼んでいました。つまり言語化できるかどうかで、使う脳の部位が違うそうです。でも使っている側にしてみれば、どの脳を使っているかはあまり関係ありません（笑）。

山中　それはそうですね。

羽生　生物はカンブリア紀に目の機能を獲得したことで、爆発的に進化を遂げたという説があります。目を獲得したことで行動範囲が広がって知能が上がった。人工知能が専門の東大の松尾豊先生によると、ＡＩも画像認識技術が向上したことによって視覚情報が扱えるようになり、その可能性が一気に広がるはずだと推測しています。

　そこで面白かったのは、生物は目を進化させるために、他の器官はあえて鈍くしているということでした。だから勘というのは、その進化の過程で鈍らせてきた機能をもう一度、活性化するようなものではないか、とおっしゃっていました。

アイデアや発想、ひらめきを得るときには、ものすごく考えて考えてそこから生み出されるものもあれば、あるいはちょっと空白というか、熟考から離れてぼんやりとしているときにパッと思いつくこともありますね。眠っていたものが突然、目覚めるように。それは鈍らせていた機能が活性化された瞬間かもしれません。

ということは、ひらめきを得るためには、インプットばかりではなく、それを整理したり無駄なものをそぎ落としたりする時間が必要なのかな、とは思っています。

山中

そう言えば、アルキメデスじゃないけど、僕も風呂場でアイデアが生まれたことがありますよ。カリフォルニアのグラッドストーン研究所でがんになったマウスの研究をしていた時です。ある遺伝子がなぜがんを引き起こすのか、なかなかいい考えが浮かばずにシャワーを浴びていたんです。そのとき、ふとすばらしいアイデアがひらめいた。シャワーを浴びながら「よし！」と大声で叫んだもんだから、妻がびっくり仰天してました（笑）。

マラソンやランニングをするときも、僕は頭の中を空っぽにしていますね。でも走っているときはしんどいなぁと思っているだけで、とくにすばらしいアイデアが浮かぶわけではありません（笑）。その後のシャワーがチャンスです！

AIにバッハの曲は作れても春樹の小説は書けない

山中　AIが本当に人間に代わってさまざまな仕事ができるかどうかは、僕たちが勘と呼んでいるものの本質がどれだけ明らかになるか、AIがどれだけそれと同じことをできるかが一つのポイントになると思います。

羽生　そうですね。勘みたいなものは、私たち人間にとっても、なぜそう思ったのか、どこから来るのかがきちんと説明できないので、AIにはかなり高いハードルなのではないかと思います。

山中　そもそもプログラムできないですからね。

羽生　はい。AIがいちばん得意なのは「最適化」です。つまり組み合わせの中から最も適した答えをみつけることです。だから、人間のようないわゆる美的センスは持ち合わせていません。つまり人間が自然の風景を見て「美しいなあ」「素晴らしいなあ」と感じる美意識や感性を学習させるのは、かなり大変だと思いますね。

　AIには開発が進んでいる世界と進んでいない世界がいろいろあります。それは数

学的な処理ができるかどうかと密接に関わっています。たとえばバッハ風の曲なら、数学的に解析できるため、ＡＩでもけっこう作ることができます。
　文学なら構成が明確なショートショートくらいまでなら書けます。実際、二〇一六年三月にＡＩが書いた物語が「星新一賞」の一次審査を通過しました。じゃあＡＩが村上春樹のような小説を書けるかと言うと、今の段階では無理です。

山中　スポーツの記録とか決算報告といった定型の文章の作成には、すでにＡＩが導入されているらしいですね。でも、そこに感情や感覚に基づく表現を入れるとなると大変です。

羽生　やっぱり言葉はすごくハードルが高いようです。自然言語処理と言いますが、ＡＩが何をやっているかと言うと結局、数学的な処理で言語を扱っているんです。縦軸と横軸の空間があって、たとえばワインボトルがこの辺りにあって、グラスがこの辺りにあるということを、データをもとに計算して、その距離関係から文章の関連性を調べていく。単に数学的な処理をしているだけなので、人間の文章理解とはまったく違います。
　国立情報学研究所の新井紀子先生が取り組んできた「東ロボくん」［二〇一一年から

「ロボットは東大に入れるか」プロジェクトにおいて開発が進められた人工知能」は、二〇一六年一一月に東大合格を断念してしまいましたね。

見えないからこそ挑戦できる

山中　一方で、音声認識能力はものすごく高くなっていますよね。

羽生　ああ、そうですね。

山中　「ワトソン」［IBMが開発した質問応答システム］とかいろいろありますが、「Siri」［アイフォンなどに搭載されている秘書機能を有するソフト］なんかは、英語で質問したら、以前は発音が悪いと通じなかったのに、今は少々発音が悪くても通じるんです。「コイツ、発音はヘタやけど、多分こんなことを言おうとしているに違いない」と向こうのほうが考えてくれる。僕は一瞬、自分の発音がよくなったと喜んだんですが（笑）。

羽生　実はコンピュータの処理能力が上がった。

山中　そう。前は「R」と「L」の違いを必死で発音しないと、なかなか通じなかったんだけど、今、日本人の英語も理解するんです。

羽生　カメラで文字を写すと全部訳してくれる技術もありますよね。

山中　ああ、あれはすごいですね。東京オリンピックの時に外国人が来ても、ボランティアもそんなに困らない。何ヵ国語でも対応できる。

羽生　でも、ああいう便利な技術ができてしまうと、逆に勉強するモチベーションが下がる可能性もありますね。このソフトを使ってやればいいんだから、わざわざ必死に勉強して苦労することもないか、と。

山中　それはあるかもしれないですね。僕は二〇〇〇年にｉＰＳ細胞の研究を開始しました。そのときにＡＩ君が世界中の文献情報を調べて、僕に助言してくれたとしたらどうなっていたか。

「山中先生、この研究が成功する可能性は〇・一パーセントで、失敗するリスクは九十九・九パーセントです。研究をしないほうが賢明です」（笑）

　そんな提案をしてくれた可能性は大いにありますよ。そこまで言われたら、さすがの僕も「やめとこか」と思ったかもしれません。「知らぬが仏」で、無知ゆえの挑戦がなくなってしまっても困りますよね。

羽生　ＡＩによって手に入る知識が増えたことで、ものすごく人の行動や選択に実際の影響

を与えていると思います。若い人たちが自分の進路や就職先を決めるとき、「よし、この道に進もう」と思ってネットなどで調べると、「ここは給料が低い割にハードワークを求められて大変そうだ」とか「あそこは働く環境がすごく悪そうだ」とか「すごく性格の悪い上司がいる」（笑）とか、全部わかってしまいます。人間には、わからないから踏み出せる、見えないからこそ挑戦できる、という面は間違いなくありますからね。

理由はわからないけど、こっちがいい！

山中　結婚する時にも、相手の情報をすべて教えられて、「この結婚の成功確率は五十パーセント」とか言われても（笑）、どう判断していいのかわからない。やっぱり何か勘ってあるじゃないですか。これはまぁ成功確率が低いことはわかっているけど、何か行けそうな気がする、とか。

羽生　ＡＩが基本的にやっているのは結局、確率的に精度を上げていっているだけです。答えそのものが正しいわけではなくて、前よりも少しは良くなっていることを繰り返し

ている、ということですから。

山中 「これは運命の出会いだ、だから少々のことは我慢しよう」と思うからこそ、うまいこといく場合もあると思いますけど、そこでＡＩ君が登場して「いや、運命の出会いでは決してありません」（笑）と冷静に分析して言われると、そこで終わっちゃう。

羽生 以前、テレビで見たんですが、フェイスブックに自分のプロフィールを記す欄がありますね。そういう情報でみずからお見合い相手を調べていって、「この人がいちばん合いそうだから選んだ」という人が紹介されていました。それはそれですごい選択だな、チャレンジだなと思いました。やっぱり情報だけで割り切れないものは、必ずどこかにあるとは思います。

山中 治療法にしても、この病気の場合、一般的にはこの治療がいいのはわかっているんだけれど、何かわからないけれど、この患者さんの場合はこっちのほうがいいと感じる――そういう判断は、まったく理由を説明できないけれど、けっこう当たることもあります。

そういった医師の直感とか勘のようなものが、実はあらゆる情報をもとに無意識で判断していることだとしたら、ＡＩ君も同じように判断してくれるかもしれないです

けど、そういうことができるのかな。

羽生 よく「暗黙知《あんもくち》」と言われます。つまり医師や技術者が、自分でできていることだけれども、どうやっているかは自分でも説明できない、なぜこうしているかはわからない。そういうことは、けっこうありますよね。そういう暗黙知に属することがＡＩにできるかどうか。結局、プログラムに書かなければいけませんからね。それは、これから先のすごく大きなテーマになりそうな気がします。

山中 僕たちの日々の決定や決心が、もし数値化できるような情報だけで決められているんだったとしたら、何か面白くない（笑）。説明つかない部分もあってほしいなと思いますね。

第6章

羽生さんから山中さんに質問

新しいアイデアはどこから生まれるのでしょうか？

独創を生む三つのパターン

羽生　棋士をずっと続けてきて経験的に知ったことがいくつかあります。前例のない手が指され、それをきっかけに形勢が大きく有利に傾いたとき、その手を「新手《しんて》」と言います。でも自分が「いい新手を思いついた！」ということがあっても、だいたい他の誰かがすでに思いついている、そう思ってほぼ間違いないんです。

山中先生の場合は、非常に斬新な発想とアイデアで研究を進めてこられました。他人と違う発想をするためには、どういうことが大切だと思われますか。

山中　これは芸術家もそうかもしれませんが、研究者は特に他の人と同じことをやっていてはいけない、面白くない、ということは誰からも言われるんです。でも、いざ他人と違うことをしようとすると、至難の業なんです。僕もまさに羽生さんが今言われたのと同じように、「これはすごいアイデアを思いついた！」と思っても、だいたい他の人がすでに考えていますね。

　とくに今、インターネットで誰もが情報を共有する時代です。インターネットが広まる前だと情報が共有されずに、その人しか知らないという特権をもとに、その人だけが考えつくアイデアもあったんですが、今はそれがもう、ほぼなくなっています。論文を発表したら、雑誌が発売される前にオンラインでリアルタイムに世界中に共有されますから。そうなってくると、人と違うことをするのは、もうほとんど不可能な状態になってきました。

羽生　そういった中で、独自のアイデア、発想というものは、どのようにして生まれるのでしょうか。

山中　僕がいつも言っているのは、他の人と違うことをやろうと思ったら、三パターンしか

ないということです。

一つ目は、アインシュタインみたいに、もともと天才というパターンです。他の人は決して思いつかないことを思いつくことができたら、まさに王道ですよね。でも残念ながら、僕はそんなことは一回もありませんし、そんな天才に出会ったこともほとんどありません。これはわれわれ凡人には縁のないパターンです。

二つ目は、他の人も考えているようなことだけれども、一応自分も思いついた。生命科学の場合は、その仮説を実験で確かめます。実験をしてみて、予想通りの結果が出た。それはそれで、それなりにうれしいんです。でも、そうしてやった実験で、予想通りの結果ではなく、まったく思いもかけなかった結果が返ってくることがあります。

そのときがチャンスです。僕たちはいくら必死に考えても、他人と違うユニークなことはなかなか思い浮かびません。けれども、自然はまだまだ未知のことでいっぱいですから、僕たちが実験という手段で自然に問いかけると、まったく意外な反応を示してくれることがあるんです。自然がちょっとヒントを返してくれる、というんでしょうか。

実験をしてみて、予想していなかったことが起こったときに、それに食らいつけるかどうか。それが他の人と違うことをやる二つ目のチャンスですね。

羽生 自分が予想しなかった結果や出来事が起こったときに、そこに深く疑問を持つというか、自分なりに原因を考えていくんですね。

山中 そうです。期待していたものとは違った結果が出たときにがっかりして終わってしまうか、それを「これは面白い」と喜べるかどうか、ですね。

三つ目は、自分も他人もみんな「これができたら素晴らしい」と考えているんだけれども、「無理だろう」とあきらめて、誰もやっていないことに敢えてチャレンジするというパターンです。この三つが、僕の考え得る、他の人と違う研究をするパターンです。僕は、一つ目はもうダメだとわかっているので、二つ目と三つ目に懸けてきました。

羽生 なるほど。

誰もやらないけれど「やってみるか」

山中　二つ目がいちばん大切ですね。二つ目を目指す場合は、まず実際に実験をしてみなければなりません。「こんなバカげたこと」などと思わずに、まずやってみることが大切です。やってみて、予想外のおかしなことが起こったときに喜ぶ気持ちがすごく大事です。

僕が大学院生の時、指導教官が立てた仮説を検証するために、血圧に関する実験を課題として与えられたことがありました。僕にとっては初めての実験でワクワクしてやったんですが、仮説とはまったく違う、予想もしないことが起こったんですね。

僕は心底興奮して指導教官の部屋に駆け込んで、「先生、大変です。先生の仮説は間違っていましたが、すごいことが起こりました」と叫びました。この瞬間、僕は自分が研究者に向いていると感じたんです（笑）。

そのとき、先生も一緒になって「それはすごい！」と興奮してくれました。自分の仮説が外れたわけですから、ガックリと来てもおかしくないのに。そういう先生の存

在も、研究の世界に魅力を感じた大きなきっかけになっています。

羽生　研究者としての原体験ですね。

山中　そうなんです。ただ、iPS細胞は、実は三つ目のパターンで見つけたものなんですよ。iPS細胞は二〇〇〇年ごろに自分の研究室を初めて持ったときに、「せっかく自分の研究室を持ったんだから、何か人と違うことをやろう」と思ったんです。

当時、ES細胞がすでにアメリカで開発されていました。その研究の主流は、ES細胞をさまざまな種類の細胞に分化させることです。ES細胞からどんな細胞を作ることができるかをめぐって、世界中の研究室が競い合っていました。

でも、そんな競争に加わっても、人もお金もないこちらに勝算はありません。しかもES細胞は、どんな細胞にも分化できる夢の細胞ですが、受精卵を使わなければいけないので、倫理的に大きな問題がありました。

だったら受精卵を使わずに、大人の細胞を分化する前の初期状態に戻して使えばいいじゃないか。それはみんなが思うことです。思うことですが、「それは無理だろう」と最初から決めつけて手を付けない。そこで僕たちが「じゃあ、やってみようか」と踏み出したというわけです。

この三つ目のパターンはiPS細胞の時だけです。僕のそれまでの研究はすべて二つ目のパターンでした。ボスに言われてやった結果、ボスの予想とはまったく違うことが起こって、ボスは喜んだりがっかりしたりしているんだけれども、僕は「しめた！」と異様に興奮している——そんな経験が二、三回ありました。

「無知」の強み

羽生　他の人たちが手を付けないところに、「じゃあ、やってみようか」と踏み込めたのはどうしてなんでしょうか。

山中　そこなんです。すでにお話ししたように、もともと僕は整形外科医だったんですね。学生時代から整形外科医になりたかった。特にけがをしたスポーツ選手を復帰させることを専門にしたスポーツドクターになりたいと思っていたんです。だから学生時代、整形の授業だけは全部一番前で聞いていました（笑）。他の授業は、ラグビーをやって出たり出なかったりで偏《かたよ》っていたんです。

実際、整形外科医になったんですが、なかなか人生思ったようにうまくいかないで

すね。そもそも整形外科の患者さんでスポーツ選手は、実はそんなに多くないんです。少なくはないけれども、スポーツによるけがの中でも、脊髄《せきずい》損傷などとても治せないようなけがや病気の方がたくさんおられました。それでまず、「これはちょっと僕の思い描いていた世界ではない」と参ってしまいました。

それで結局、研究を始めてしまったんですね。でも研究を始めて愕然《がくぜん》としたのは、学生時代サボりまくっていたので、基本をまったく知らないということでした。基本的単語さえわかっていない。

ゲノムの世界ではエクソン、イントロンという用語があります。ゲノムの配列で、エクソンというのはタンパク質を作る部分で、イントロンというのはそれとそれの間の切り取られる部分です。そんなのは中学生や高校生でも知っているんじゃないかなと思うんですけど、僕は大学院に入ってそれを見た時に、「何やこれ？」と思いました。見たことも聞いたこともない。そこからスタートしました。それが結局、今も続いているんですね。

羽生　そうなんですか（笑）。

山中　いまだに知らないことがいっぱいあるんです。今は減りましたけど、昔は学生さんに

授業をすることがあって、特に京大の前にいた奈良先端科学技術大学院大学は、教育もしっかりしていました。自分の研究室を初めて持たせていただいた大学です。そこは大学院なんですけれども、四月から始めて半年くらいは、ずっと授業をするんです。

だから僕たちも分厚い教科書を順番に教えるんですよ。でも教えていながら、知らないことばっかりで、知らないことを教えるって「困ったなぁ」（笑）。学生さんはけっこう勉強しているので、僕よりもよく知っているんですよね。「絶対、バレるな」と思いながら、冷や汗を流して続けていました。

でも、その無知さによって、ある意味、怖いもの知らずでやっていました。ｉＰＳ細胞の研究も、まさにそうです。知識があったら怖くてできなかったと思うんです。でも知らないものだから、「じゃあ、やってみようか」と思えたところがあるんですね。

成功体験が足かせになる

羽生　私自身も年数を重ねてきて思います。もちろん、経験を積んだら積んだで、知ることができたことは数多くあります。でも判断材料が増えるぶん、こういうやり方さえ知っていればまあまあ行けるとか、そこそこ行けるとか、リスクが小さい方法を知らず知らずのうちに覚えてしまったところがありますね。ちょっと小賢《こざか》しいと言うのか、大胆なこと、挑戦的なことをやる機会が少なくなって、反省することが多いです。

山中　知識は当然必要なんだけれども、でも時に邪魔することもある。知識が多すぎると、「これはできるはずがない。絶対に失敗する」と怖くなるんですね。そう思ってしまうと、もう本当にできなくなってしまいますから。

羽生　確かに知識や経験が新しい発想の足かせになるケースもいっぱいあります。だから、私の場合、経験をそのまま当てはめないようにしています。ひと工夫して、具体的に実戦に生かせるものに変えていく。たとえば、対局で経験したことのある局面を、似たような局面での判断に利用したり、考え方だけを抽出《ちゅうしゅつ》してみたりしています。

山中　なるほど。

羽生　今、世の中にはものすごい量の情報があふれていますね。たとえば人と違うことをするためには、人が何をやっているかをまず知らなくてはいけません。もちろん、事前に自分なりに情報を集めて研究して備えることは大事だと思います。ただ、そういうことばかりに多くの時間と労力を使って、なかなか肝心かなめの創造的なことに費やす時間が少なくなってしまうことがあります。

　頭の中にたくさん情報を詰め込んでしまうと、先入観や固定観念ができてしまって、これまでにまったくなかったもの、既成概念を破壊するようなことが思い浮かばなくなってしまう。それはよくないな、と思うことが多いですね。

「居心地がいい」環境が危ない

山中　詰め込んでしまったほうが、実は安心ですからね。これは今の教育の現場全体に言えることだと思うんです。

　今、アジアはどこもそうかもしれないですけど、日本はまず受験というハードルが

あるでしょう。幼稚園に入る時、小学校に入る時、中学受験、高校受験、大学受験。幼少期から、ともかく問いに対して正解を出すトレーニングを受けていますよね。教科書に書いてあること、先生の言うことは絶対正しくて、その通りに答えたらマルだし、そこに逆らったらペケ。それで点数が取れなかったら、希望の大学に入れない、そういうトレーニングを受けています。

　だから失敗を経験することなく、教科書に書いてあることをそのまま答えたら目的の大学に入れるという環境で育ってきた子が大半です。そんな子がいきなり研究の世界に入ってきて、「教科書に書いてあること、先生の言うことは信じるな」とか、「実験結果で予想外のことが起こった時こそチャンスだ」とか言われても、それは簡単には受け入れられないですよ。

羽生　もう考え方が染みついてしまっている。

山中　僕は日本とアメリカの両方で研究してきましたけれども、アメリカの子供のほうが割とのびのびしていて自由なんですね。大学生になってからは、ものすごく勉強しなければならなくなる。でもそれまでは、スポーツに打ち込んだりする子供たちがけっこう多いですね。研究者という観点からそういう姿を見ると、日本に比べてアメリカの

ほうが有利なような気がします。

羽生　有利というのは、アメリカのほうが意外なことに直面したり、答えがないような場面を経験したりしている機会が多いということですか。

山中　そうですね。日本は、子供たちにとって居心地がいいところですよね。親や学校の先生から「こうしなさい」と言われたことをその通りやっていると、いわゆる「いい子」となり、ある意味、非常に生きやすい。逆にそこから外れると、すごくしんどい思いをして生きづらくなります。

　それから最近は、大人が子供を叱《しか》ることを避ける傾向がありますね。昔に比べたら、親はほとんど子供を叱らない。学校でも叱る先生がいません。生徒や学生にかける言葉でさえ、一歩間違えたらパワハラ、アカハラと言われてしまう。叱ることを推奨しているわけではないけれども、子供たちは自分の考え方や行動様式を否定されないので、見方によっては新しい世界に踏み出す機会が失われているわけです。

教科書を否定する

山中　こういう経験があります。今、普通の自家用車でも、前方車両の速度に自動的に追《つい》従《じゅう》するといった機能がどんどんついていますよね。僕はそういう機能があると、すぐに使いたい（笑）。

料金所ETCのところに来ると、前方の車が時速二十キロくらいまでスピードを落としますよね。そうすると僕の車も自動的に減速します。減速はするけれども、普段の自分のタイミングよりも一歩遅れるんです。自分だったら、ここから減速するというタイミングで減速してくれない。それでぐっと我慢していると、ちょっと遅れて減速するんですけど、もう怖くて怖くて、ものすごく不快です。

そういうふうに、ずっと慣れ親しんできた自分の行動様式と違うことをするのは、頭では安全だとわかっていても、全身から不快さがこみ上げてくる。もし車が止まらなかったら大変なことになってしまうわけだから。だいたい止まりますけどね（笑）。

研究というのは、今ある教科書を否定します。他の人と違うことをやる、新しいこ

とを発見する、というのは、結局、教科書の否定につながりますからね。ただ、僕は教科書の否定を推奨しているわけではないですよ。そもそも教科書をあまり知らないので（笑）。

羽生　いえいえ、そんなことは（笑）。

山中　教科書を否定しているのではなくて、教科書を十分知った上で否定するのが、本来のやり方だと思います。結果的に「ああ、これは以前、教科書に書かれていたことと違っているな」と後からわかることのほうが多いです。

羽生　確かにそうですね。たとえば私も「若い人たちに何かメッセージをいただけませんか？」と聞かれることがあります。そんなときには「今まで自分がやったことがないとか、経験したことがないとか、そういう羅針盤《らしんばん》が利かない状況に身を置くことが大事なのではないでしょうか」と答えることが多いんですね。

　先ほどの車の運転の話もそうですけれども、今はどこへ行くのにも、カーナビはあるし、スマホさえ持っていれば、自分がどこにいるかが瞬時にわかります。いつも手元に地図と羅針盤があり、そういう意味では安心な状況です。

　でもそうではなく、これまでの知識や経験が役に立たないような、カオスとまでは

行かなくても、そうした状況に身を置いて自分で対応していくことが、新しい発想やアイデアを広げるのかなと思います。

量を質に転換する

山中　それは将棋で対局するときにも当てはまることなんでしょうね。

羽生　そうですね。将棋には「これはこうだ」とはっきり答えがわかっている局面と、答えがない局面の両方があります。自分が持っている羅針盤が機能しない未知の局面に出くわしたとき、どれだけ素早くその局面に対応できるかで真価が問われます。

　私は普段の生活でも同じサイクルや思考法に陥《おちい》らないようにしています。身近な例で言えば、将棋会館に行くにも、羽田空港に行くにもルートを変えるとか、新しい場所に身を置くようにしています。

　ただ、この話で気をつけなければいけないのは、「これまでの知識や体験が役立たない状況」と聞いた若い人たちが、勢いのあまり「じゃあ今からシリアの戦地に行ってきます」とか「災害地域に出かけます」といった短絡的な考えに結び付けると、困

ってしまいます。

だから、気をつけて話さないといけないんですよ。知識や経験が役に立たない状況はリスクを伴うので、さまざまな意味での身の安全を自分自身の判断で確保することは大前提です。

山中　「向こう見ず」はダメで、向こうもこちらもちゃんと見る。

羽生　情報化の現代では、大量のデータがどんどん入って来るので、量を使いこなすことによって力をつけている感じがします。私が関心を持っているのは、膨大《ぼうだい》に有する情報の「量」を、ただ丸暗記するのではなく、自分なりに栄養素として吸収し、未知の局面に遭遇したときに自然に対応できるような「質」に転換できるかどうかです。これから先の若い人たちの大きなテーマなんじゃないかと思っています。

山中　過去の知識や経験は、もちろん大切です。将棋でも過去の対局を勉強したり教わったりすることは、絶対必要なんだと思います。さすがの僕も研究論文などは数多く読みますよ。でもそればかりだと、頭でっかちになってしまう。

それはそれで大切なことですが、どこかで実際に自分で手を動かさないといけません。でないと、一流の批評家にはなれるかもしれないけれども、一流の研究者にはな

れません。

僕は研修医の時に上司から「ごちゃごちゃ考えんと、実験をやってみい」と何度も言われました。その教えが、研究に活きています。行き詰まったら、とりあえず実験をしてみる。そうすると、これまでとは違う結果や、何か予想しないことに出会って、それが新しいアイデアのヒントになることがある。

今の教科書の中身を変えていく仕事をするのに、ある程度の学びは必要です。でもそれはある程度にしておいて、途中からは失敗を恐れず、実際に踏み出さなければ前には進めません。そのタイミングですよね。まったく何も論文を読まずに、いきなり実験ばかりしていても、それは多分ダメだと思います。かといって、ものすごい量の論文を読んでも、全然実験をしていなければやっぱりダメです。うまい塩梅《あんばい》と言うか、うまいタイミング、それがとても大切ですね。

失敗しても「ナイストライ」

羽生　実験を進めていくにしても、ほぼ無数と言っていいくらいたくさんのアイデアや方法、スタイルがありますね。でも、なんとなくこれは可能性がありそうだ、これはダメそうだと見極めていく。それは極めて感覚的というか主観的な判断ですよね。

山中　そうですね。

羽生　そういうところに、実はいちばんその人の個性というかスタイルが出るのではないかと思うんです。山中先生は、ご自分の個性、スタイルについて、どんなふうにお考えですか。

山中　僕は先ほどの三つのパターンのどれでもいいと思うんです。他の人がほとんど考えていないような新しいことであれば、「これは失敗してもいいや」という感覚でやってみることがすごく大切だと思います。

　他の人がすでにやっていることだったら、やってもあまり意味がない。それは無駄な気がします。他の人がやっていないのなら、どんなことであれ、やる価値はありま

す。やっても成功する保証はまったくありません。むしろ失敗することのほうが多いでしょう。でも僕の経験で言えば、失敗してもやりがいはありました。「ナイストライだった」という感じです。その繰り返しでいいんじゃないかな。

羽生　将棋の対局でも、それはよくあります。慣れ親しんでない、ちょっと目新しいことをやってみると、ほぼ不利になるし、ほぼ負けますね。本当にほぼそうなります（笑）。でも、ある程度それを許容していかなければいけないと思っているんですね。仕方がないんじゃないか、と。

　もちろん、そこできれいさっぱり割り切れて「これでよかった」とまでは思えません。でもやっぱり、そうした失敗も必要なんだと思うことが少なくありません。そういう姿勢は忘れずにやっていけたらいいなと思っています。

　もう一つ言えるのは、実戦でやってみるプロセスの中に学べること、吸収できることがある、ということです。公式戦で時間に追われているとき、局面に対峙《たいじ》するときが、やはりいちばん勉強になります。「待った」ができない状況の中で、集中力を高めて深く考えています。つまりプレッシャーがかかるときにこそ能力が花開く、と言っていい。

頭で考えているだけではなくて、実戦で指してみて初めて、「ああ、この形はこういうことだったのか」「こういう考え方じゃダメなのか」とわかってくる。

山中　「実際に自分で手を動かすこと」ですね。

羽生　リスクは今の視点で見るか、それとも十年後の視点で見るかによって、その中身が変わります。同じ選択をしていても、その時々でリスクの量が違ってくることがあります。自分がその時、リスクを取るかどうかの選択は、アクセルとブレーキの関係と似ています。

四十代になると、今までの経験に基づいて、知らず知らずのうちにブレーキを踏んでいることが多くなります。だから意図的にアクセルを強めに踏むくらいでちょうどいいのかな、と思っています。つまり「今日はリスクを取って、こっちの手を指してみよう」と。

チャンスのほうはいつ来るかわからないので、くじ引きみたいなものだという認識でいます。もちろん負けるつもりでやっているわけではありませんが、リスクを承知の上での判断なので、それをどこまで許容できるか。そういう時に挑戦していくかどうかが、長い目で見て重要なんだと思います。

山中　そこは同じですね。研究者には新しいことにどんどんチャレンジする、挑み続ける姿勢が絶対に必要です。羽生さんの言う通り、多くの場合、うまくはいかないんですよ。でもそれは当然なので、その意味では問題ありません。いちばん問題なのは、新たな挑戦をやめてしまうことです。

でも、そんなにたくさんではないにせよ、給料をもらって、そういう新しい試みに挑戦できるわけです。そして、何か新しいことを発見して世に問えば、評価されて努力が報われます。場合によっては、その発見によって社会や人類に貢献することだってできるわけです。だから問われるのは、基本的に「いい挑戦をするか、しないか」です。その意味で、研究はフェアですばらしい。研究者って本当にいい職業だなと思いますね。

本物のユニーク、ニセモノのユニーク

羽生　最近、例えば科学の基礎研究を進める環境が厳しくなってきているという指摘があります。先生は、そうした基礎研究をどういうかたちで進めていくのがいいとお考えで

すか。

山中　僕自身の経験を振り返ると、ｉＰＳ細胞ができるまでに二十年くらい研究したのですが、完全に基礎研究なんですね。ｉＰＳ細胞ができてからは、このｉＰＳ細胞をいかに応用にまで持っていくかという応用研究になっています。両方とも違う意味で非常に大切です。

　基礎研究は何がどう役に立つかまったくわかりません。役に立つか立たないかを考えると、逆にあまり面白い研究ができない。ともかく科学に突破口を開けて飛躍的進展をもたらすのは基礎研究だと僕は確信しています。

　それが今の日本で、昔に比べて本当にやりづらくなっているのか。そこまで悪くはないと僕は思っているんです。基礎研究を支える文部科学省の科研費、つまり科学研究費そのものがすごく減っているわけではないんですよ。

羽生　あっ、そうなんですか。

山中　減っていることはないんですが、研究にかかるコストが以前よりどんどん高くなっているので、そういう意味では相対的にはかなり大変かなと思います。

羽生　それは、どんなテーマでもそうでしょうか。

山中　いや、テーマにもよります。たとえば僕が大学院生のときは、年間百万円くらいあれば、実験を続けることができたんですね。でも今は百万円では一ヵ月も持たないと思います。ゲノムの解析技術がどんどん進んで、いろいろな試薬もますます高くなっていますから。そういう意味で、資金不足は基礎研究だけではなくて、全般にかなり問題にはなっていますね。

羽生　研究というのは、数をたくさん増やしていけば、必然的にそこからいろんな成果というか結果が出るようなものなのでしょうか。

山中　やっぱりある意味、確率の問題でもありますから、たくさんチャレンジする人がいたほうが、その中からいい成果が出てくる可能性も増えると思います。問題なのは、みんながやっているチャレンジが本当にユニークなのかどうかです。

　本当にユニークな研究であれば、五年、十年しっかりサポートするべきです。でも単に他人のしていることを繰り返しているだけならば、それはムダです。その見極めが大切です。そもそも自分自身でまず、この研究にはどういう意味があるかをよく考える必要がありますね。

「阿倍野の犬実験」という落とし穴

山中　僕が大学院生のとき、先生に教えてもらった忘れられない言葉があるんです。僕がいた大阪市立大学医学部は大阪市の阿倍野《あべの》区にあるんですね。僕たちの研究室は実験動物としてビーグル犬などを使っていたんです。その当時、助教授、今で言う准《じゅん》教授の先生に「山中君な、『阿倍野の犬実験』って知ってるか」と聞かれました。「何ですか、それ？」と答えたら、こんなふうに説明してくれました。

　たとえばアメリカで「犬の頭をコツンと叩いたらワンと鳴いた」という現象を世界で初めて発見して論文を書いたとする。それは世界初だから「おお、すごい」となる。すると日本の研究者は、その論文を見て「アメリカの犬はワンと鳴くらしい。日本の犬はどうか調べてみよう」と日本の犬の頭をポンと叩いた。するとやっぱりワンと鳴いた。で、また論文を書いた。さらに、その論文を読んだ大阪市大の研究者が「じゃあ今度は阿倍野区の犬で試したらどうなるか」とやってみたら、やっぱりワンと鳴いた。それでも論文は書ける。

「山中君、そんな論文書きたいか？」と聞かれたので「絶対書きたくありません」と答えました。笑い話のようですが、でも実はこういう仕事が普通にまかり通っているのが研究の世界なんです。

羽生　そうなんですか。

山中　要するに、アメリカでこういう発表があったから日本でもやったら同じ結果でした、という論文がいっぱいあります。

羽生　ちょっとだけ条件を変えて、ということですね。

山中　つい、その落とし穴にはまってしまうんです。研究者は常に「早く論文を出さなければ」とプレッシャーを感じています。とくに学位論文は数年間で書かなければ博士の学位をもらえない。博士号をもらってからも、ポスドクで二、三年しかお金が持たないので、その短い間に論文を書かないと次に進めません。

どうすれば二、三年で論文を書けるかと思ったら、知らず知らずのうちに「阿倍野の犬」、つまり「これは多分、こうしたらこうなるだろう」式の落とし穴にはまってしまうことが多いんです。本人は研究しているつもりになっているけれども、実際は「アメリカ人のまねをした日本人のまね」をしているだけです。

だからそういう研究になっていないかどうか、まず自分自身で省《かえり》みる必要があります。あるいは指導者がチェックする必要があります。そして、研究資金を出すか出さないかを審査するところも、そういう視点でのチェックが必要です。これは「言うは易し」で、実際には本当に難しいことなんです。

羽生　一つのテーマの研究で五年や十年かかるとすると、そこで何をやるかは大きな賭けであり、本当の挑戦になりますよね。

山中　そうですね。だから、そこで「阿倍野の犬実験」ではない、答えが出るか出ないかわからない研究にチャレンジする若手研究者をきちんとサポートできているかどうかが大事になります。

　難しいことに挑戦しているんですから、三年、五年と成果が出なくても当たり前なんです。そこで「三年も五年も成果が出ていないからもうダメだ」と支援を切ってしまうと、みんなが「阿倍野の犬実験」に走り出すことになる。だから、そこを担保《たんぽ》する制度がぜひ必要ですね。

二人が皆さんと一緒に考える

どうすれば日本は人材大国になれるでしょうか？

第７章

フルマラソンで研究資金を集める

山中　僕たちのＣｉＲＡには、若手研究者の挑戦をサポートする組織を特別につくっています。「未来生命科学開拓部門」というすごい名前がついていますが、まさに「失敗してもいいから挑戦して未来を開拓してほしい」という願いを込めています。ｉＰＳ細胞技術を活用して、がんや感染症の発症メカニズムや免疫機構を解明するような、新しい生命科学・医療の分野を開拓する研究を目指しています。

その財源はどのようにして確保するかと言うと、「iPS細胞研究基金」をつくって、僕がマラソンを走ったりして寄付を集めて賄《まかな》うことにしています。

羽生　ファンドレイジング（寄付募集）マラソンですね。山中先生は毎年何回かフルマラソンに出場して、オンラインで寄付を集められていますよね。

山中　はい。半分はスポーツとしてやっていますが、もう半分は寄付活動なんです。国からの助成金は大学に交付される運営費交付金のほか、さまざまなプロジェクトの競争的資金で、数年ごとにしっかりとした成果を出さないといただけませんから。

羽生　要するに、使途《しと》というか目的が決まっているので、新規のものには使いにくいということですか。

山中　いや、そういう挑戦的なことにも使っていいんです。でも三年、五年の助成期間が終わった後に、再度いただけるかと言うと、やっぱり目に見える成果がないと、なかなか続かない現実があります。

その点、アメリカは国に加えて州政府からも助成があります。それ以外に寄付がすごく多くて、民間企業、特にＩＴ関係者が巨額の資金を研究者に拠出していますね。基礎研究もかなりサポートされています。

国からの資金は税金が原資なので、大規模災害の発生や政治的な判断によってその額が上下する可能性もあります。国からの資金だけに頼らないのは、研究費を調達する上でのリスク分散の側面があります。

羽生　国だけに頼らず、民間のサポートを原資にしてゆく。

山中　研究とは、もともとはそうだったと思うんです。昔は大金持ちが、芸術家のパトロンのように研究者をサポートして、自由な研究をさせてあげる。その結果として、さまざまな成果が出てきた。

だから、原点に帰ると言ったら変ですけれども、日本でも国の税金からだけでやりくりするのではなく、一般の方からの寄付で基礎研究を進める部分を今まで以上に増やしていかないといけないと思いますね。

一方で民間企業の資金だけに頼るのも危険です。というのも、たとえば企業側の期待と異なる研究結果が出た場合、トップの判断でそのプロジェクトが中止されるかもしれません。でも科学者の立場から言えば、その予期せぬ結果を基にさらに追究し続けていくと、科学に飛躍的進展をもたらす可能性があります。

「寄付先進国」アメリカに学べ

羽生　大口の寄付をする人で、アメリカと日本とでは気質が違うと聞いたことがあります。アメリカの方だと自分の名前を出すけれども、日本の場合だと匿名にしてほしいという希望が多い、と。

山中　そういう方が多いですね。

羽生　その辺りの文化の違いをうまく取り入れて、参考にしながら協力してもらえるような体制ができるといいですね。

山中　アメリカには自分たちで財団を作って、何十億円、何百億円と寄付されているファミリーが本当にたくさんあるんです。それは日本では極めて例外的です。僕たちもたくさんの人の寄付で支えていただいていますが、日本は個人的な支援が多いですね。

羽生　最近はクラウドファンディングのような試みもなされています。

山中　僕たちもクラウドファンディングをやっています。マラソン大会に出て走っていると、まさに沿道で何十万人という方が見ておられますから。地道な努力がけっこう効

きますね。アメリカでは研究機関の所長や医学部長は、仕事の半分くらいをファンドレイジングに費やしている印象を受けます。

羽生　仕事の半分ですか。

山中　そうしたファンドレイジングでどれくらい資金を集めてきたかが、彼らへの評価のかなりを占めますからね。だからアメリカでもそれぞれ努力しているんです。日本もやっぱり努力しないと、寄付は集まりません。

羽生　ただ、そういうファンドレイジングを扱う仕事というか、職種というか、専門家そのものの数が、日本にはかなり少ない印象を受けます。

山中　少ないですね。ただ僕たちのところでは研究所独自でファンドレイジングの部門を作っていて、数名がそれ専門にやってくれています。国立大学の研究所としては、極めてユニークなかたちです。

羽生　確かにそうでしょうね。

山中　さきほどのユニークな仕事をどう生み出すか、に関わってきます。このファンドレイジング部門も、別に僕たちが独自に考え付いたことでも何でもありません。アメリカでは普通にやっていることを日本ではやっていないので、それをやろうとしているだ

けです。だから決してすごい何かを思いついたわけではありません。その意味でも、アメリカを知ることは大切ですね。

欧米は科学の背後に宗教がある

羽生　日本とアメリカの違いについて考えると、アメリカでは、科学というものに対して研究者・技術者と一般市民との距離が近い傾向があるんでしょうか。

山中　確かに距離は近い感じがします。アメリカには科学に対して興味のある人がすごく多いですね。それはどうしてなんでしょうか。アメリカの航空会社の飛行機で客室乗務員の男性と会話する機会があったんですよ。「職業は何をされているんですか？」「サイエンティストです」「どんなサイエンスですか？」「ステムセル（幹細胞）です」「おお、ステムセル！　それはすばらしい！」とけっこう会話が弾むんです。日本はなかなかそこまで行かないですね。

羽生　ノーベル賞を受賞した山中先生とはまったく知らずに話しかけているんですね（笑）。

山中　もう気楽に（笑）。向こうには『サイエンティフィック・アメリカン』という科学雑

誌がありますが、それは空港の売店に普通に売っています。けっこう売れていますよ。日本にもそれに相当する雑誌はいくつかありますけれども、そもそもそんなところには売っていません。

羽生　確かにキオスクには置いていませんね。

山中　アメリカは政権によっても、生命科学研究に対する政策が違いますからね。

羽生　共和党と民主党で研究への姿勢がまったく違うんですよね。

山中　全然違います。共和党はどちらかと言うと、あまり科学を重視しない。キリスト教原理主義を背景に、進化論をまともに信じない党員や支持者が少なくありません。もちろん、進化論が科学的に証明されたわけではありませんが、根本的な科学の認識がそもそも違います。

羽生　そうした科学論が政策論争になっているから、科学そのものが一般市民に浸透していくのではないでしょうか。

山中　そうかもしれないですね。地球温暖化や人工妊娠中絶、進化論などが大統領選の争点になるくらい、もめるわけですから。

羽生　でも反対する州があっても、賛成する州があるから、結局、研究はちゃんと進んでい

くということでしょうか。

山中　それはあるんです。アメリカは「合衆国」というだけあって、国の権利はわりと制限されていて、国がダメと言っても州がＯＫを出したり、その逆もあります。

羽生　ｉＰＳ細胞を作ったことに対して、ローマ法王庁がコメントを出しましたね。「難病治療につながる技術を、受精卵を壊さずに行えるようになったことはすばらしい」と。日本人の感覚では、ちょっとピンと来ないというか驚きました。やはり欧米では非常に大きなテーマなんですね。

山中　はい。ＥＳ細胞研究については、当時のアメリカのブッシュ大統領が拒否権を発動して、使用に反対していました。

羽生　欧米では、科学の背後に宗教があるようです。

「医学部至上主義」の弊害

山中　科学者の社会的地位も、アメリカのほうが高い気がします。僕は医師を経験してから科学者になりました。医師と科学者を比べると、日本は医師のほうが給料も高いし、

みなさんが持っている社会的イメージも高いような気がします。

羽生　確かに、それはそうかもしれません。

山中　そういう反応がいまだにあると思います。アメリカは両者が対等というか、医師が自分の子供に医師になることをあまりすすめないケースも多いですね。日本は医師の子供さんは、けっこう医師になることが多いでしょう。実はうちもそうなんですけど（笑）。その辺の違いもなぜなのかな。

羽生　小さなころからの教育カリキュラムなどで、アメリカに比べて日本では科学に属する科目の割合が少ない事情もあるんでしょうか。

山中　でも毎年、日本の小学生に「将来なりたい職業」を聞いていますけれど、結果を見ると「学者」「科学者」はけっこう上の方にいて、医師とそんなに変わりません。ところがフタを開けてみると、より多くの人が医学部に行く。どうも偏《かたよ》りがあるなと感じます。ただ、数学や物理が得意な子は日本にもたくさんいて、「数学オリンピック」や「物理オリンピック」といった国際大会で金メダルを取っていますよ。

羽生　そうですね。いろいろな賞を取っていますね。

山中　数学とか物理にずば抜けた才能があっても、その多くが医学部に行ってしまうんで

す。医学部に進むこと自体が悪いわけではないけれども、その後、医師という職業に就《つ》いても、特殊なケースを除いて数学も物理もほとんど使いません。だから、ある意味もったいない。今、こうして研究者という立場になると、もっとみんな研究者になってほしいなと思いますね。

羽生　研究者の道を選びにくいのは、なかなか将来像が描きにくいからじゃないでしょうか。お医者さんのほうは、医学部に入って、医師免許を取って、研修医になって、お医者さんになってというモデルがありますが、研究者がどういう道筋で、どういうふうに生活していくのかは、なかなか見えません。

山中　それは確かにそうですね。科学の博士課程に在籍する学生の多くは、大学や大企業で研究を続けることを望みますが、科学の知識を生かしてプロになる選択肢は他にもあります。たとえば、科学コミュニケーターや科学ジャーナリスト、教育者です。

羽生　アメリカでは多くの学生がそういう道に進んでいくようですね。

山中　はい。生命科学もＡＩもそうですが、科学がすごく高度化してさまざまな社会問題を惹《ひ》き起こしている今の社会では、先端科学の知識とその問題点を分かりやすく人々に伝えて、いわば科学と世の中の対話を促《うなが》すような仕事がますます重要になってきて

います。だから、僕たちが学生たちにそうした仕事の選択肢をもっと指し示していくことも必要です。

研究に立ちはだかる「死の谷」

山中　僕たちの大学が研究した技術は、最終的には大手の製薬会社などが本格的に開発してくれないと社会に還元することはできません。大学からいきなり社会に還元するのは難しいんです。
　先端技術の開発で、基礎研究の成果から実用化・製品化するまでには「死の谷」と呼ばれる資金的なボトルネックがあるんですね。日本では今まで大学発の優れた研究が多かったのですが、その「死の谷」を乗り越えられず、実用化段階でアメリカに先を越されてしまったケースが少なくありません。ゲノム情報を読み取るシークエンスの技術も、もともとは日本の会社が先陣を切っていたんです。

羽生　そうだったんですか。

山中　ところが国からの援助が途切れてしまったので、日本は開発が――。

羽生　停滞してしまった。

山中　アメリカが急速に伸びたのは、ベンチャー企業のおかげです。アメリカだとベンチャーがすぐにできて優秀な人材が集まります。大学発の技術をベンチャーで伸ばし、それを大企業が買収したりしてスムーズに行くんです。日本のベンチャー企業も頑張ってはいますが、なかなか苦労しています。まず、お金が集まりにくい。人材を集めるのも苦労しているところが多いと思います。

　日米で若い人を見ていると、明確な違いがあります。アメリカでは研究室のトップの学生が「自由にやりたい」とベンチャー企業に行きたがります。ところが、日本はベンチャーに行きたがる学生は本当に少ない。多くは大学に残るか、一流企業に就職しようとします。たとえ本人がベンチャーに興味があっても、親御さんが反対しますね。

羽生　「せっかく大学を出たのに、なぜわざわざリスクの高いベンチャーに行くんだ」と。

山中　その違いは本当に大きい。だから、多くの優秀な若者が研究者の道を選ばない傾向と、ベンチャー企業の道を選ばない傾向は、徐々にでも変えていかないといけません。

羽生　科学技術は日本を支える大事な要素ですからね。

山中　ちょっと心配ですね。

いかに「回旋型」の人材を育てるか

羽生　アメリカでは周りがみんな起業しているから、自分も一回くらいは起業しなければいけないのかな、みたいな空気がありますよね。

山中　ありますね。それとアメリカは失敗も経歴として認められるところがあります。ベンチャー企業を立ち上げて倒産した。日本だと「お先真っ暗」と落ち込んで、二度と立ち上がれないイメージがありますが、アメリカではそうした失敗の経験を、逆に「他人にはできない貴重な経験をした」とポジティブに捉える考え方があります。そうすると、本人も次にチャレンジする元気をもらえますよね。

　僕は日本や日本人のあり方を「直線型思考の文化」とか「直線型思考の民族」と呼んできたんですが、日本人はある目標を決めたら最後までやり通す生き方を好みます。もう、こうと決めたら、脇目も振らずに――。

羽生　まっすぐに進む。集団としても、一気に同じ方向に突き進む傾向がありますね。

山中　「この道一筋」という生き方が称賛されます。一度入った会社に基本的には一生勤めるし、一緒になったパートナーともよほどのことがない限り離婚しない。そこで挫折すると、もう「人生の落伍者」のように、本人も世間も見なしてしまう。

それに対してアメリカは、「回旋型思考の文化」です。ここかと思えばまたあちらと、自分の興味に応じて、ある意味フレキシブルにクルクルと回って移り変わることができます。そういう回旋型と直線型の両方の人がアメリカにはいますね。日本は今まで圧倒的に直線型の人が多い。アメリカは両方いるので、たとえばｉＰＳ細胞のような新しい技術ができたら、回旋型の人はすぐ飛びつく。

羽生　参入してくるんですね。

山中　はい。「これはやろう」となります。でも直線型の人は、「いやいや、こんな技術はまだどうなるかわからない。あわてて飛びつかずに様子を見よう」と慎重に構える。だからｉＰＳ細胞という技術がどちらに転がろうが、アメリカではすごく柔軟に対応できます。

羽生　なるほど。新しい技術に対する受け皿が広く整っているわけですね。

山中　そうです。この技術がものすごく伸びたら、回旋型の人が成功する。その場合、直線型の人は「失敗したな」と思います。この技術がひっくり返って失敗したら、回旋型の人は「ちょっと早過ぎたかな。でも次は頑張ろう」、直線型の人は「ほら見たことか」となります。直線型の人が多い日本では、この技術がうまくいかなかった場合、「様子を見てよかった」となるけれど、うまくいった場合に乗り遅れてしまうわけです。

　だから直線型と回旋型の両方が必要です。日本では放っておいても直線型の人は育ちますから、これからは日本でいかに回旋型の人材を育てていくかが大切になるでしょうね。でも現在の受験をメインとする教育だと、なかなか回旋型は生まれません。

羽生　そういう回旋型のポテンシャルを持っている人たちは日本にも必ずいるんだと思います。あとは、そういう人たちが活躍できる環境、場所をどう確保するかですね。ただ一方で、グローバルの時代でもあるので、日本に生まれ育っても、そのままずっと日本にいてくれるとは限らないでしょう。

山中　確かに回旋型の人は落ち着きがありませんからね（笑）。僕もどちらかというとクルクルの回旋型で、興味がどんどん移って、自分自身も予想していないところに行って

しまう。僕はよく妻に「あなたと結婚したせいで、私の人生はジェットコースターみたいや」と言われるんです（笑）。

僕は実際、臨床整形外科医から薬理学、分子生物学、がん研究、ＥＳ細胞と研究テーマをコロコロ変えてきたんです。成果を出せない時に、自分の研究スタイルに自信が持てなくなったときがありました。

そんなとき、ノーベル賞を受賞した利根川進先生の講演を聞く機会がありました。講演後の質疑応答の時間に思いきって手を挙げて、「日本では研究の継続性が大切だという意見が多いのですが、先生はどう思われますか？」と質問したんです。利根川先生自身、免疫学から脳科学にスパッと研究テーマを変えていますからね。そしたら「研究の継続性が大切だなんて誰が言った？　面白かったら自由にやればいい」。先生がそんなふうに答えてくれて、とても勇気づけられましたね。

子供をノーベル賞学者に育てるには？

山中　回旋型の人が平均的なところから外れてしまうと、場合によっては変人扱いされてしまいます。普通の人から見ると日常的な行為がその人にはできなかったりするからですが、ある分野ではものすごい才能を発揮するかもしれない。日本でもアメリカでも、一定の人はそういう傾向にあると思います。そういう幅広い人材をそれぞれが伸びる分野で育てていくことが必要だと思いますね。

羽生　将棋の世界を見ても、進歩の仕方は人それぞれです。ずっと停滞しているように見えて突然大きく伸びる人もいれば、右肩上がりで順調に上がっていく人もいます。そういう意味では、人の能力はなかなかわからないですからね。

山中　日米で研究者をやっていると、日本は幅広い人材をきちんとうまく活用していく必要性をすごく感じます。

　大学受験というふるいにかけると、まんべんなくできる子から入ってくるので、どちらかと言うと直線型の人間の割合が増えている気がしますね。昔はもっと大らか

で、大学に入ってからもほとんど勉強せず、好きなことばかりしていても、大学はけっこう許容していたように思います。
　今は大学に入ってからも、かなり規制が厳しくなりました。そうなると、回旋型の人はますます日の目を見なくなります。可能性のある人たち、ポテンシャルがある才能をどうやって伸ばしていくか。大学教育の前の段階からの教育が大切ですよね。

羽生　確かに多様な個性、カラーを持った人たちが出てきたほうが、活気が生まれますね。

山中　周りの大人が、そういう子を見つけて伸ばしてあげられるといいのですが。でも親から見ると、「普通のいい子」がいちばんですからね。はからずもノーベル賞をいただいてから、こうしたテーマで話をさせていただく機会がよくあるんです。そのときに、お子さんをお持ちの親御さんから、「どうしたらノーベル賞をもらえるような子供に育てられるんですか?」とよく聞かれるんですよ(笑)。そんなこと聞かれても、僕はもう全然わからない。

羽生　いちばん困る質問ですね(笑)。

山中　唯一《ゆいいつ》言えるのは、「他の子と違うことをやっても怒らないでください」ということくらいです。

意味がなさそうなことに意味がある

山中　はたから見たら、僕の人生は無駄ばかり、遠回りで非効率のように見えるかもしれないけれど、そうやってクルクルと回り道をしたからこそ、今の僕があるとも言えます。

羽生　将棋でも、経験を積むに従って、若いころだと無駄だと切り捨ててきたものが、実は重要なんじゃないかと見直すようになりました。意味がなさそうなことに実は意味があるはずだとか、すぐに結果が出るわけではないけれども、小さな積み重ねを日々行うことで新しいアイデアやひらめきが生まれてくるのではないか、とか。

山中　今の社会は効率が最優先されるけれども、一見、役に立たなかったり、無駄と思えたりするようなことの中に、実は未知なるものや新しいアイデアが隠されているのかもしれません。

羽生　直接的な知識として役に立たなくても、それを習得するプロセスが、別の新しいことをやるときの近道になっている、理解するためのステップになっていることはよくあ

ります。ただ、それは具体的に目に見えたり形になって見えたりするものではありません。

実は将棋はひとつの局面で、そのほとんどの手は「やらなければよかった」という選択なんです。何をやっても、だいたい「やらないほうがいい」ことが多い（笑）。ある意味、ミスが非常に起こりやすいゲームだとも言えます。

だから、あまり根《こん》を詰《つ》めて真面目にやり過ぎないほうがいいのかな、と。結果を求めるよりも、プロセスの中に楽しみを見出せるかどうか、やっていること自体に充実感を感じるかどうか、そのほうがむしろ大事だと思います。

山中　それは本当に大切ですね。

羽生　知らない人からすると、プロの棋士は何手も先を読んで、計算しながらやっているように見えるかもしれませんが、実際は全然違うんですよ。

山中　えっ、そうなんですか。

羽生　ええ、手探りで「次はどこに行こうかな」と、その場で何とかするケースがほとんどです。もちろん、その都度ベストな選択を目指していますが、わかりやすい答えを求めていくアプローチではないんです。

百パーセント間違いない、絶対にこれだ、という選択肢はないですね。読み筋が考えていた通りの展開になることも滅多にありません。だから、けっこうその場しのぎです。

その決断は間違っているけれど、結果としては良かったということがあります。たとえば悪手を指した結果、相手のミスを呼び込んで、予想外の勝利となってしまう。では、その悪手を指したことは本当に良かったのかどうか、という問題はありますけれど（笑）。

まったく自分が予想していなかった状況になったときに、どうにかする。その力は数値化できないものだと思います。だから若干いい加減なところがあったほうがいいのかもしれません（笑）。

山中 それは個人的に勇気づけられますね（笑）。

羽生 今の時代は環境がすごく整っているので、真面目にやっていれば、あるところまでは猛スピードで突っ走ることができる。でも逆に言えば、環境が整ってない時代だったたらたどりつけなかった人も、たどりつけているとも言えます。

これまでは「才能はあるけれど、環境が悪くて伸びなかった」ケースはたくさんあ

ったと思います。でもこれから先は、インターネットの普及を背景にして「環境が悪かったために才能が伸びなかった」というケースはどんどん少なくなります。

全体的なレベルや力が上がっている中で、これまでの知識の集積や環境の有利さだけを考えていたのでは、他の人たちと差を付けることは難しくなっていきます。そうすると、これまでとはまったく違うことをやらなければいけないんじゃないか。それは多分、これをやったら必ずプラスになる、必ずマイナスになる、といったものではなく、はっきり数値化できないことが重要なんじゃないかなと思っているんです。

先ほど先生もおっしゃったように、役に立つかどうかわからないことをやるのが大事というか。逆に言うと、何をしていてもいいというか（笑）。もしかしたら、それは何かの役に立っているかもしれないし、ブレイクする鍵になることもあるんじゃないかと思います。

二人が皆さんと一緒に考える

十年後、百年後、この世界はどうなっていると思いますか？

第8章

人間は不老不死になれるのか

羽生　たとえばｉＰＳ細胞による再生医療やゲノム編集技術によって、病気がすべてなくなったら、人間は不老不死になることも可能なのでしょうか。

山中　いや、老衰は間違いなく起こるでしょう。今のところ、生きることができるのは、細胞の寿命である百二十歳くらいまででしょうね。

僕もびっくりした話があって、血液を作る細胞である造血《ぞうけつ》幹細胞《かんさいぼう》が骨髄にあります。生まれた時は確か一万個くらいと少ないんです。造血幹細胞自体はあまり増えないけれど、分化する途中に前駆《ぜんく》細胞を作り出して、その子たちが急激に増えて赤血球や白血球、血小板になって、どんどん入れ替わっているんです。

ただ、造血幹細胞も時々は分裂しなければいけない。分裂していると、遺伝子に傷が入ったり、寿命で死んだりしていくものもあります。だから造血幹細胞はだんだん減っていくだろうとは思っていました。百歳くらいの人を調べたら、造血幹細胞が二個しかない。

羽生　二個でやりくりしているわけですか。

山中　その二個がすべてで、何もせずにゼロになったら、間違いなく終わりです。それが老衰による死です。でも、そこで骨髄移植をすれば、移植された造血幹細胞が血液をつくりだすようになります。心臓も基本的には生まれたままの細胞がずっと残っていますから、生まれて百年以上経てば、やがて心不全になります。ただ、これも心臓移植をすることができます。足が弱っても、人工関節などの技術が今は進んでいます。

あとは脳ですね。脳も基本的に生まれたままで、脳細胞は滅多に増えません。でも脳を入れ替えてしまうと、その人がいったい誰なのかわからなくなりますね。

羽生　もはや本人とは言えなくなってしまう。

山中　だから、決め手になるのは脳じゃないでしょうか。そこまでやるか、という話です。でも脳以外は、超大金持ちがお金にモノを言わせて臓器や細胞などの移植を続ければ、理論的には更新できます。一方で、臓器移植をするには、拒絶反応を抑えるために免疫抑制剤を投与する必要があります。これには副作用があるので、免疫抑制剤によって健康が損なわれてしまう可能性があります。

　基本的に老化によって造血幹細胞がどんどん減って、脳も間違いなく衰えてだめになるので、そう考えると、やっぱりヒトの寿命は百二十歳くらいが限界なのではないでしょうか。それとはまた別の問題として、それ以上生きていて楽しいかどうか、ということはありますけど。

羽生　不老不死の体を獲得できるか、獲得できてもそれが幸せなことか——昔からあるテーマですね。

山中　しかしそう考えると、生物って本当にすごいですよ。人間にしても、よくこんな精《せい》妙《みょう》なものができたなと思います。たとえば進化論が説明するような偶然の産物だけで、本当に僕たちはできているのかなと感じる時もあります。

「こんな遺伝子を残したくない」

羽生　ゲノムを解読して、この人は将来、必ず病気になるとわかったら、ゲノム編集によってあらかじめ治すことはできるんでしょうか。

山中　「単一遺伝子疾患」といって、それが一個の遺伝子で起こるものだったら、治すことは可能でしょうね。ハンチントン舞踏《ぶとう》病などがそれに当たります。複数でも二個の遺伝子ならば、まだ何とかなるかもしれません。でも三つ四つ五つ、十個と多因性疾患になってきたら、なかなか今の技術では難しいですね。

　あるパーティの席で関係者の女性から「私と姉は遺伝子疾患がある家系らしいので、私も姉ももう子供はつくらないと決めているんです」と話されたことがあります。「病気の原因遺伝子は残したくないから」と言われたんです。パーティの席上だったので、じっくりと話ができませんでしたが。

　そこまで深刻に考えておられる人がいるのも事実です。それが一個の遺伝子のせいならば、それを治すことで彼女たちの意識がまったく変わるわけです。

「病気の原因遺伝子」なんて、調べてみたら、みんなが何十個も持っているんですよ。たまたま表に発現していないだけです。だから、そうした悩みを抱えている人に接すると、「ゲノム編集は倫理的に許されない」と簡単に切って捨てることはできなくなります。

羽生　そうですね。ただ、遺伝子解読は一方で、「遺伝子差別」を生む危険性がありますよね。たとえば、遺伝子検査によって特定の遺伝子を持っていることがわかった段階で、保険などに加入できなくなる問題はありえます。

山中　確かにそれはあるでしょうね。アメリカなどでは、保険会社は遺伝子検査の結果を被保険者に聞くことを禁じる法律ができています。

羽生　アンジェリーナ・ジョリーさんのように、遺伝子診断によって乳がんや卵巣がんになる可能性が高いことがわかって、その予防のために乳房や卵巣、卵管を切除する方もいますね。

山中　彼女は母親が乳がん、母方の祖母は卵巣がんで若くして亡くなっているので、その判断はわからなくもないんです。ただ、彼女の場合、遺伝子と病気が一対一対応で、しかも乳房切除という、かなりラジカルな方法ではあるけれども、対処法が一応あるわ

けです。

深刻なのは、「あなたは病気になる可能性の高い遺伝子を持っています。でもどうすることもできません」という場合です。その場合に、その事実を本人が知ること自体が、本当にその人の人生にとってプラスなのかどうかが問われます。

たとえば、家族性アルツハイマー病の原因となる遺伝子はいくつか特定されています。でも現状では「遺伝子を検査したら、あなたはかなりの確率でアルツハイマー病になることがわかりました。ただ、現代の医療技術ではどうすることもできません」としか言えません。

ただし、この場合は、本人が事実を知ることで自分の人生を設計できるというメリットがありますね。五十歳くらいで発症する確率が高いなら、それまでにやりたいことをするとか、家族のために何か残しておくとかいろいろ考えられます。そのほうが本人の人生にとってはプラスになる可能性はあります。

羽生 アルツハイマー病も含めて認知症は世界で急増しています。二〇五〇年には今の三倍の一億三千万人になるという予測が発表されました。

山中 誰にとっても切実な問題ですね。でも別の見方をすると、それまで抱えてきたいろい

ろな人生の悩みとか怒りを全部忘れて穏やかな日々を過ごしているお年寄りもいる。だから、人間にとって何がいいことかは簡単にはわかりません。

たとえば、認知症の特効薬ができて、百歳になって体が衰えてきても、頭だけははっきりしているとなると、死ぬのが怖くなって逆に大変かもしれませんよ。認知症は、死の恐怖に対する人間の一つの防衛手段という考え方もできます。

「バーチャルおじいちゃん」に人生相談

羽生 もちろん、肉体が衰えて寿命が来たら最後は死んで、すべて終わって消えてしまうのかもしれませんが、たとえば今の技術なら、生きてきた人の記憶や経験、データをいろいろなかたちで残せますね。
あるいは、今あるビッグデータみたいなものから、すでに死んだ人のデータを集めて、「この人なら、こういうことを言っただろう」とか「この人だったら、こういう判断をするに違いない」といったことがコンピュータ上にすべてシミュレートされて、まるで生きているかのように見える、ということはありうる話なのかなと思いま

す。

　亡くなった人間を蘇《よみがえ》らせるわけではないですから、そのまま現れるとは言えなくても、その人に近い存在が現れることは起こってもおかしくないと思います。

山中　アメリカの墓地に行くと、お墓にQRコードが印字されていて、それにスマホをかざすと、クラウド上に保管された故人の情報やエピソードが出てくるサービスがあるらしいですよ。

羽生　今の技術だと、そういうことも普通にできるでしょうね。お孫さんやひ孫さんが墓参りをして、自分の先祖はこんな人だったと知る――「知らぬが仏」という気がしないでもありませんが（笑）。

山中　いや、どの自分を残すかは自分で選ぶことにして、自分にとって都合のいい情報だけを残せばいい（笑）。

羽生　いい情報をそれこそ編集して（笑）。そうやって脳の記憶データさえあれば、それに基づいて、まったく同じかどうかは別にして、それらしいものを再現できる可能性はありますね。たとえば、亡くなったおじいちゃんに悩みを相談したいとき、「こういうことで悩んでいるんだけど、おじいちゃんどう思う？」と尋ねると、おじいちゃん

ならこう答えるだろうことを、コンピュータが答えてくれる。

山中　バーチャルリアリティで、あたかも目の前にいるような感じで。

羽生　バーチャルリアリティの進展はすごいですね。今はネットと現実の世界は明らかに分かれていますが、バーチャルリアリティのホラーものなんて、いくらバーチャルだとわかっていても、リアルで恐ろしいですからね。

　レイ・カーツワイルという「シンギュラリティ」の概念を広めた人工知能の研究者は、二〇二〇年代の後半にはバーチャルリアリティと現実を区別することができなくなって、バーチャルの世界で生きる人たちが出てくると予測しています。

　リアルの生活が充実している「リア充」という言葉がありますが、どんなにネットで楽しくても、所詮《しょせん》はネットだから、やっぱりもどかしさが残ります。でもバーチャルリアリティで現実と同じレベルのリアリティを感じることができたら、リアルの世界よりも、そちら側の世界にずっといたいと思う人たちが出てきてもおかしくはありません。

山中　ＳＦ映画の世界ですね。

飲むと悪夢を見る薬

羽生　先日、幕張《まくはり》メッセで開催される「ニコニコ超会議」というイベントに初めて行ったんですが、異様に盛り上がっていました。ネットの「ニコニコ動画」でやっているイベントをリアルで再現するコンセプトで、いつもはネットで楽しんでいる人たちが、現実の世界に集まるわけです。
　アニメやゲームだけでなく、企業や政党も参加したイベントがいろいろあるんですが、わからない人が行くと、いったい何が行われているのか、何が楽しいのかまったくわからない。ある人たちにはとても楽しい世界があちこちで展開されていて、それぞれが完結しているんですよ。十五万人くらいが集まる大人気のイベントです。

山中　えー、十五万人。

羽生　一度行くと、カルチャーショックを受けると思います。

山中　羽生さんは、どんな立場で行かれたんですか。

羽生　将棋のコーナーで、加藤一二三《ひふみ》先生とトークショーなどをしたんですけれども、完全

に浮いていました（笑）。「ここでなぜこんなことやっているの？」みたいな感じで。

山中　iPSはもっと浮きそうですね。

羽生　いや、歌舞伎、大相撲から、ロボコン、先端科学までいろいろやっているので、iPS細胞をテーマにイベントをすれば、かなり人が集まると思いますよ。

山中　バーチャルリアリティで思い出したけれど、僕は一ヵ月に一回、グラッドストーン研究所のあるサンフランシスコと日本を往復しているので、時差ボケ解消のため、いろいろな睡眠薬を飲んでいます。

オレキシンという覚醒《かくせい》作用を持つ物質があって、筑波大学の柳沢正史《やなぎさわまさし》先生が発見しました。そのオレキシンを抑制する睡眠薬が日本でだけ販売されているんです。普通の睡眠薬は眠くなる成分を増やすけれど、その薬は目を覚ます物質を抑える。でも副作用の項目に「悪夢」と書いてあるんです。僕はそういうのを見ると、やっぱり試したくなる。

悪夢というから、ターミネーターが襲ってくるようなとんでもない悪夢を見るのかなと思ったら、マラソンのスタート前にトイレがいっぱいで使えないとか、部下に逆切れされて怒られるとか、ものすごく現実的なんです（笑）。これこそバーチャルリ

京都市市民栄誉賞
山中伸弥様
京都市長 門川大作
人間萬事塞翁
山中伸弥先生雅正
信
走
山中伸弥

アリティです。

羽生　ははは、普通、悪夢を見ると、目が覚めるじゃないですか。これは覚めない悪夢なんですね。

山中　そんな夢は普段でも見ているけれども、明らかに頻度が増えますね。どういうメカニズムかわからないけれど、薬は夢まで変えるんですね。今日はどんなリアルな悪夢を見るのかと思うと、ちょっと飲むのが憂鬱《ゆううつ》になるんですけど。

羽生　確かに悪夢を必ず見るとわかって眠りにつくのは嫌ですね。逆にいい夢を見るような薬があったら、眠るのが楽しみになるんでしょうけど。

山中　確か星新一のショートショートにありました。昏睡《こんすい》状態にある男性が現実世界には超美人の妻や立派な家が待っているという夢を見て、「これは絶対生きなければ」と蘇《そ》生《せい》する。でも目を覚ましたら、待っていた現実は超恐妻と巨額の借金。生きる希望を持たせるために薬を飲まされていた、というオチでした。

羽生　要するに脳内物質で楽しいか悲しいかが決まるんですね。映画『マトリックス』は、過酷《かこく》な現実世界と安逸《あんいつ》な夢の世界のどちらを選ぶか、という内容でした。

記憶は子孫に継承されるか

羽生　夢とは、過去二週間の経験が無作為《むさくい》に編集されて出てくると何かで読んだことがあります。夢にしても、覚えている夢と覚えていない夢があります。記憶のメカニズムは今、わかっているんでしょうか。

山中　いや、脳研究には僕もちゃんとついていけていないんです。少し前に知ったのは、恐怖に対する記憶が子供に伝わることを示したネズミの実験です。たとえば、ある匂いを嗅ぐと、電気ショックで痛い目に遭う。ネズミはそれを学習して、そのうちその匂いを嗅いだだけで恐怖を示すようになります。そのネズミの子も、他の子に比べて有意な差で同じ匂いに対して恐怖を示すようになる、という実験結果だったと思います。

羽生　経験がなくても、なぜか最初からそこを避ける。

山中　だから「教訓は遺伝する」。こうした記憶の継承は「エピジェネティクス」という概念で説明がつくのかもしれません。

羽生　エピジェネティクス。なんでしょうか。

山中　普通、生殖細胞で子供に伝わるのは遺伝子の配列だけです。でも、いろいろな学習や環境で、遺伝子を取り巻く周りの状況が科学的に「修飾」されて、遺伝子の発現のパターンや細胞の性質を変えることができる、またそうした後天的な修飾が何らかの理由で、もしかしたら子供に伝わるのかもしれないという仮説です。まだまだわからないですけどね。それがある意味、記憶が伝わる一つのメカニズムかもしれません。

羽生　先ほどの恐怖の記憶は、種の保存のために必要な情報とも言えますね。

山中　そうなんです。ある場所に行ってはいけないという情報は、教育で伝える場合が多いけれど、教育できる種は少ないですよね。でも性行動などの行動パターンは教育しなくても、どの生物にもありますね。ＡＴＣＧの四文字の情報を使って、そこまで書いてあるのかどうか。

羽生　たとえば、そういう遺伝子情報は、人間と他の動物とでかなり違うものなんですか。

山中　いや、かなり共通のメカニズムを使っています。

羽生　では、違いが生まれる理由は何に由来しているんでしょうか。

山中　それはわかりません。でも、前にお話しした「ジャンク配列」と言われている配列

は、人間とサルとマウスで全然違うんです。

羽生　では、やっぱりそこに何か大きな秘密がある。

山中　かもしれない。そうではない、いろいろなタンパク質を作っている部分は相当似ているので、いちばんの違いは、いわゆるジャンク配列の部分です。だから、そこがとても大事だとわかってきています。もちろん、まだまだわからないことのほうが多いのが正直なところですが。

人類の選択が試されている

羽生　科学の最前線も、どんどん変わっているんですね。

山中　それはもう十年前とはまったく違います。教科書に書いてあることも、どんどん変わっていくと思います。これだけ技術が進んで、ＡＩもバイオテクノロジーも少し前までＳＦだったものがどんどんできるようになってきています。だから、これから十年先に人類と世界がどうなっているか読めませんね。

羽生　確かに未来のことが想像できない、見えないところはあるんですけど、ちょっと考え

てみると、昔だって未来はずっと見えていなかったように思います。「見えていない」という点では、百年前も千年前も今も同じです。よく「不透明な時代」と言われますが、歴史を振り返ってみて、不透明じゃなかった時代があったのか。

山中　そうですね。想定されるリスクもあるし、想定できないことが起こる可能性もあります。地球の歴史を見ると、地球を支配した恐竜は隕石衝突か何かの気候変動で滅びてしまったとされています。

ネアンデルタール人もある時、地球上から姿を消しました。何が起こったかは誰にもわかりません。二つの可能性があって、一つは人類がネアンデルタール人を滅ぼした、もう一つは何らかのクライシスがあって人類だけが生き残ることができた。ともかく、ほぼ人類に近い種が何らかの理由で滅びたんです。

僕たち人類も未来永劫《みらいえいごう》存続するとは言えなくて、今の急速な技術の進歩が人類を滅ぼすかもしれません。これだけ急速な人口爆発と技術の進歩があれば、これが人類への恩恵ではなくて、脅威になる可能性だってあるわけです。それを選択するのは人類ですから、僕たち自身が試されているのだと思います。

羽生　私が取材したオックスフォード大学の人類未来研究所などが二〇一五年に発表したレ

ポートに、「文明を脅《おびや》かす十二のリスク」というものがあるんです。人類を滅亡に追いやる十二のリスクの中には、気候変動や核戦争、パンデミック、巨大隕石の衝突、火山噴火などがあるんですが、その中の一つに人工知能も入っていました。

そこで私が思ったのは、気候変動や核戦争、パンデミックは、単なるリスクだけでしかないんですが、ＡＩはその技術が進んでいったときに、残りの十一のリスクをもしかしたら解決してくれるかもしれないポテンシャルがあるということです。それだけの強力な技術が今後、現実社会に急速に浸透してくることは間違いない。それをどうデザインして活用していくかが、人間の選択なんですね。

山中 人類はこれまで何度も何度も戦争を繰り返してきました。今度もう一度、世界戦争が起こったら、核兵器によって、ほぼ間違いなく人類は滅ぶでしょう。もしそんな事態が迫った時、人間はちゃんと自制できるかどうか。その自制をＡＩが助けてくれるかどうか。

「あらゆるデータを基に計算したら、どう考えてもバカげています。こんな戦争はやめなさい」。ＡＩがそんなふうに冷静に忠告してくれたら、人間はちゃんと戦争をやめることができますかね。

山中伸弥から羽生善治さんへ

私は羽生さんとお会いできる日をいつも心待ちにしてきました。
ふだん、研究所の運営や自分の研究に没頭していると、ほかの分野の課題や人間の未来といった問題について深く考える時間をなかなか持てません。
羽生さんと言葉を交わし、さまざまな知見と洞察に触れるたびに自分の脳が活性化され、生き生きとしてくるのを感じます。今回の対談では、将棋の世界の変化について伺い、そこからＡＩ（人工知能）や生命科学の進展によって人間がどんなふうに変わっていくのかまでを共に考えました。とても刺激的で楽しい時間でした。
科学の研究は日進月歩です。私たちのｉＰＳ細胞研究所は二〇一七年、「進行性骨化性線維異形成症（ＦＯＰ）」という難病の治療薬候補を発見し、世界で初めてｉＰＳ

細胞を使った創薬の臨床試験（治験）を始めました。また、本文にもあったパーキンソン病患者を対象にした再生医療の治験も近く実施する予定です。

しかし治療法のない病気はまだまだあります。できるだけ多くの患者さんに一日も早く治療法を届けることが私たちの使命です。

そんな私たちを励ましてくれるようなニュースが、対談後に飛び込んできました。羽生さんの永世七冠獲得、そして国民栄誉賞の受賞です。わがことのようにうれしく受け止めました。永世七冠獲得の会見で羽生さんは「自分も将棋の本質を何もわかっていない」と語っておられました。これほどの偉業を達成しながら謙虚に学ぶ姿勢を失っていないことに、あらためて心打たれます。

対談でも羽生さんは、将棋で大切なのは、それまで学んできたことを捨てて新しい知識を取り入れていくことだと話されていました。研究の世界も同じです。真実の解明に伴って既成の事実が次々書き換えられていくのです。

人間の生命や体はわからないことだらけです。変化を恐れず、羽生さんのように、いつも新しいことを学ぶ姿勢を忘れずにいたいと思います。そうすることで、私たちは世界を変える発見と創造にこれからも出会えるはずです。

羽生善治

将棋棋士、永世七冠

一九七〇年、埼玉県生まれ。将棋棋士。一九八五年に史上三人目の中学生プロ棋士となる。一九九六年には竜王、名人ほか七つのタイトルすべてを獲得。棋聖のタイトルを保持していた二〇一七年に竜王の座に返り咲き、前人未到の「永世七冠」の称号を得る。二〇一八年二月に国民栄誉賞受賞。

山中伸弥

京都大学iPS細胞研究所所長・教授

一九六二年、大阪府生まれ。神戸大学医学部卒業、大阪市立大学大学院医学研究科修了（博士）。米国グラッドストーン研究所博士研究員、京都大学再生医科学研究所教授などを経て、二〇一〇年四月から京都大学iPS細胞研究所所長。二〇一二年、ノーベル生理学・医学賞を受賞。

取材・構成　片岡義博
編集協力・撮影（全点）　岡村啓嗣（メディアプレス）
装丁　竹内雄二

人間《にんげん》の未来《みらい》　ＡＩの未来《みらい》

二〇一八年二月十三日　第一刷発行
二〇二四年六月二五日　第五刷発行

著者　山中伸弥《やまなかしんや》　羽生善治《はぶよしはる》

発行者　森田浩章
発行所　株式会社講談社
東京都文京区音羽二-一二-二一
〒一一二-八〇〇一
電話　編集〇三-五三九五-三五二二
販売〇三-五三九五-四四一五
業務〇三-五三九五-三六一五

印刷所　株式会社新藤慶昌堂
製本所　株式会社国宝社

定価はカバーに表示してあります。　ISBN978-4-06-220972-4